JN418120

리나의 여행스케치

리나의 여행스케치

초판 1쇄 인쇄일 2011년 5월 3일
초판 1쇄 발행일 2011년 5월 10일

지은이 장주연
펴낸이 하태복
펴낸곳 이가서
주소 서울시 영등포구 양평동 2가 37-2 양평빌딩 406호
전화·팩스 02-336-3502 / 02-336-3009

등록번호 제10-2539호

ISBN 978-89-5864-289-3 13980

가격은 뒤표지에 있습니다.
잘못된 책은 바꾸어 드립니다.

하와이에서 런던까지
NO TURNS
샌프란시스코의
일러스트레이터
리나의
여행스케치

글+그림
장주연
Hello ~ ~

이가서
Leegaseo publishing

Prologue
4.14
COBALT GREEN

like paris. So, I don't know after this trip where I have to stay. I like this atmosphere such as buildings, stores, restaurants and galleries. The eiffel night sightseeing didn't disappointe me. I love paris. :)

LOUVRE

www.louvre.fr

왜 두려움이 없었겠는가. 하지만 아무리 많은 위험요소가 있다고 할지라도 믿음을 가지고, 시간이 더 지나기 전에 나를 돌아보고 앞으로의 삶을 계획할 수 있는 여행을 하고 싶었다. 미래의 언젠가, 이제 인생 다 살았다고 할 만큼 나이가 든 어느 날, '아, 아무래도 난 잘못 산 것 같아, 한 번 더 새로운 삶이 주어진다면 그때는 절대로 이렇게 살지는 않을 텐데…' 하며 후회하는 삶이 아니라 인생 마지막 순간에, '난 다시 태어나도, 또 다른 삶이 주어져도 지금처럼 살 거야. 이런 삶이 내게 주어졌다는 게 너무 감사해!' 라고 말할 수 있는 그런 삶을 살고 싶다. 누구나 그렇겠지만 말이다.

그러기 위해서는 더 많은 것을 보고, 더 깊이 느낄 수 있는 경험이 필요하다는 생각이 들었다. 그러자 갑자기 다른 곳, 다른 나라에 사는 사람들은 어떤 생각을 가지고 어떻게 사는지 너무 궁금해졌다. 그들도 나와 같은 고민을 하고 살아가는지, 그들은 무엇을 원하고 또 그걸 이루기 위해 어떻게 살아가고 있는지 궁금했고 또 보고 싶었다.

길면 1년 정도의 시간이 걸릴 이 여행이 이후의 내 삶을 지켜줄 틀을 만들어주길 바랐다. 사회가 말하는 일반적인 틀이 아니라 내가 만든 나만의 틀 말이다. 그리고 여러 나라에서 다양한 모습으로 살고 있는 많은 사람을 만날 수 있게 되기를 원했다.

대나무는 자랄 때 어느 정도 자라면 마디를 만들고, 그 마디를 시작으로 다시 자란다고 한다. 그렇듯 나도 내 삶의 다음 단계로 넘어가기 위해, 그리고 다시 자라기 위해 이런 '마디'를 만들 시간이 필요했다. 이 여행이 내 인생에 크고 선명한 마디가 되어주기를….

처음부터 이렇게 덩치가 큰 여행을 계획했던 건 아니었다. 앞서 말했듯 내 인생의 '마디'를 만들어줄 '쉼'과 함께 영어도 좀 배우고 여행도 하고 싶었다. 그리고 미술을 시작할 때부터 유학을 생각해왔기 때문에 만약 내가 유학을 떠난다면 어느 도시가 내게 맞는지 확인해 보고 싶었다.

처음, 어디로 가면 좋을까 고민할 때 영어도 배우고 기독교 문화 안에서 안전하게 있을 수 있는 곳이면 참 좋겠다는 생각을 했다. 마침 그때 스위스 'YWAMYouth with a Mission'에서 DTSDiscipleship Training School를 받았던 혜경 언니가 생각났다. 언니의 주선으로 스위스 'YWAM'에서 간사님으로 계시는 분을 만나게 되었고, 그분은 스위스 로잔의 ELM영어선교훈련학교과정을 동영상으로 보여주셨다. 낭만적인 스위스 엽서 속 풍경이 생각나는 자연과 함께 자유로운 분위기에서 수업하고, 게다가 마지막 일주일은 영국으로 'Field trip그 동안 배운 영어를 사용할 목적으로 가는 영국여행'을 간다는 것도 마음에 들었다. 그 과정은 9월과 1월에 두 번 시작하는데, 9월은 ELM 1과정이고 1월은 ELM 2과정이다.

사실 예전부터 그림같은 나라 스위스에서 잠깐이라도 살아보고 싶었는데, 그 과정을 선택하면 3개월이라는 시간을 스위스에서 보낼 수 있었다. 그래서 일단, 잠정적으로 9월 과정으로 마음을 정했다.

별개로 늦어도 여름에는 여행을 시작하고 싶었기 때문에 여름 두 달 정도를 어디에서 보낼지 고민하다가 필리핀을 생각하게 되었다. 따뜻한 곳에서 바다도 보고 수영도 할 수 있고, 기초회화 정도를 배우기에는 필리핀이 저렴하고 무난할 것 같았다.

필리핀에 있는 많은 어학연수원을 알아보면서도 셋째 고모가 계시는 뉴욕에도 마음이 가닿았지만, 당장 뉴욕으로 가기에는 비싼 물가 등 제한이 많았다. 그러던 중 인터넷 YWAM 홈페이지를 통해서 하와이 호놀룰루에서 7월부터 6주간의 ESLEnglish as a Second Langauge 과정을 개설해 신청을 받는다는 공지를 보았다. 가격도 120만 원 정도에 숙식이 가능한, 필리핀보다 훨씬 나은 조건이었다. 게다가 마침 6주 과정이 새로 개설된 것이 아닌가!

그런데 아무리 생각해도 하와이에서 6주를 머물다 바로 스위스로 가는 것은 짐도 짐이거니와 거리도 너무 멀었다. 그냥 하와이를 포기하고, 영어과정은 아니지만, 여름에 개설하는 스위스의 다른 프로그램으로 시작해 계속 스위스에 머물다 잠깐 비는 시간에는 유럽여행을 하고 다시 9월에 스위스의 elm을 할까도 생각했다. 그렇게 계속 고민하다 떠나기 바로 몇 주 전, 교회 주일 설교 말씀을 듣다 하와이행에 대한 확신이 들었다. 그렇게 마음을 정하고 인터넷 서핑을 하다 어떤 분이 자신의 세계여행담과 함께 올린 '세계여행 티켓' 이라는 비행기 티켓에 대한 정보를 접했다. 그 덕분에 '스카이팀' 이라는 것이 대한항공과 여러 나라 항공사가 함께 만든 '세계여행 패키지 티켓' 이라는 것도, 기본 300만 원 정도의 저렴한 가격으로 세계여행 티켓을 살 수 있다는 것도 알게 되었다.

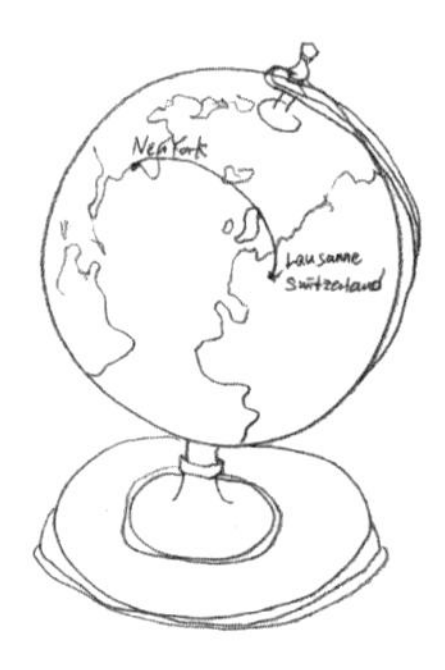

단, 기간은 1년까지이고, '동→서' 아니면 '서→동' 과 같이 한 방향으로만 움직여야 한다는 조건이 있었다. 또 사전에 모든 계획(장소나 날짜 등)을 한 번에 짜야 했다. 여행중에 바꾸는 것이 가능하긴 하지만 100달러 정도의 수수료가 들고, 이 또한 날짜 변경만 가능하고 역방향이나 다른 대륙으로의 조정은 불가능했다.

300만 원짜리 티켓으로 비행기를 다섯 번 정도 탈 수 있는데 굳이 하와이에서 스위스로 가는 비행기 값을 걱정하지 않아도 되었을 뿐더러, 내가 가보고 싶었던 곳을 다 갈 수 있을 것 같았다. 그래서 꼭 가보고 싶었던 뉴욕을 스위스 전 일정에 넣고 또 샌프란시스코도 추가했다. 이렇게 내 계획은 그 티켓에 맞추어서 동→서 방향으로 움직이며 점점 커졌다.

계속 여행정보를 찾다가 인터넷에서 '허클베리 핀' 이라고 외국친구들과 함께 여행할 수 있는 사이트를 우연찮게 알게 되었다. 딱 봐도 흥미로워 보여서 회사를 찾아가 사장님과 상담했다. 그 사장님은 '뉴욕에 가도 왜 하필 친척집에 머무느냐, 그러면 영어가 늘지 않는다, 이왕이면 다국적 배낭여행을 하면서 여행도 하고 외국친구들과 함께 생활하며 영어도 익히는 것이 좋다, 따로 어학연수를 가봐야 거의 다 교실에서만 하는 영어공부다, 어떤 어린 친구는 어학연수를 세계여행 패키지로 바꾸었다' 등의 이야기를 해주었다. 하지만 생각지도 않은 일정을 갑자기 계획하는 것이 두려워서 일단 생각해보기로 하고 사이트에 올라와 있는 많은 패키지를 둘러보았다. 그 중에서 시간도 제일 짧고 프로그램도 재미있고 또 꼭 가보고 싶었던 곳이지만 특별한 연고가 없는 샌프란시스코에서 팀으로 진행되는 서부여행 패키지를 생각하게 되었다. 'Western Wonder' 라는 여행인데 일단 신청을 하긴 했다. 여행 시작 2주 전까지는 취소할 수 있다고 하니 하와이에서 지내면서 정 아니다 싶으면 취소할 생각이었다. 또 계획대로라면 9월에는 스위스 로잔으로 가야 하는데, 그렇게 되면 뉴욕에서 머물 수 있는 시간은 일주일에서 이주일밖에 되지 않는다. 뉴욕에 계셨던 영어선생님이나 그곳 여행을 다녀온 친구들 모두 뉴욕은 오래 있을수록 더 흥미로운 곳이라 한 달 미만은 너무 짧다고 조언했다.

그래서 뉴욕에서의 일정을 4개월 정도로 늘리면서 스위스는 다음 해 1월로 미루고, 마지막은 유럽 자유여행!

회사 다닐 때 참석한 한 세미나에서 들었던 '블루오션'에 대한 이야기가 생각났다. 그 책을 지으신 분은 캐나다인으로 부유한 가정에서 태어났고 좋은 학교를 졸업했는데, 유럽에서 몇 년간 방랑생활을 하면서 길거리 집시를 포함해 다양한 사람들을 많이 만나고 새로운 문화를 체험하면서 블루오션에 대한 영감을 얻었다고 했다. 나도 지금은 잘 모르는 미지의 세계지만 내 인생에 그런 시간을 가져보고 싶었고, 새로운 세계와 사람들과의 만남을 통해 새로운 아이디어를 얻고 싶었다. 이렇게 내 여행 계획은 커져만 갔다.

어찌됐든 나의 여행은 이렇게 처음부터 세계여행을 계획하고 시작된 게 아니라 세계여행 티켓을 알게 된 덕분에 점점 불어난 것이다. 여행을 준비하면서 읽은《세계를 모르면 도전하지 말라》. '참 대단한 사람이다, 이렇게 세계여행을 떠나는 사람은 나랑은 전혀 다른 사람일 거야' 라고 생각했다. 그런데 그런 책들을 읽어가면서 점차 '나도 한 번?' 이라는 생각이 들었고, 어느 순간 세계여행 티켓에 맞춰 매일 지구본을 돌려가며 고민하고 있는 나를 발견했다. 대학교 2학년, 어릴 적부터 단짝이었던 은정이와 호주로 이주일 정도 배낭여행을 다녀온 게 전부였던 내가 1년짜리 길고 큰 여행을 계획하고 있는 것이다.

계획을 세우고 티켓을 받으러 항공사에 갔는데 항공사 직원이 "이런 비행기티켓은 저도 처음 봐요" 란다. "왜요? 세계여행하시는 분들 많잖아요" 라고 되물으니 "물론 있지만 흔치 않죠. 돈도 많이 들고 시간도 있어야 하잖아요."

그렇다. 이건 항공사직원도 흔히 보지 못하는 비행기 티켓이다. 어마어마한 여행에 내가 겁도 없이 뛰어드는 걸까? 설렘과 두려움이 초간격으로 교차한다. 과연 내가 잘 다녀올 수 있을까? 회사에서 벗어나 1년 정도의 시간을 여행과 함께 '쉼' 을 계획했는데 회사 프로젝트보다 훨씬 커다란 프로젝트를 받은 느낌이라고나 할까…. 도와줄 사람도 없이 혼자 해결해야 하고, 일단 시작하면 끝까지 해야 할 것 같은 엄청난 크기의 1년짜리 프로젝트! 그렇게 많은 고민과 파란만장한 과정을 통해 여행 계획이 마무리됐다. 내가 봐도, 친구들이 봐도 복잡하고 빡빡한 비행기 티켓이지만, 감사하게도 부모님은 걱정하지 않으셨다. 그냥 날 믿는다고 하셨고 잘 다녀올 거라고 하셨다.

다시 한 번 크게 심호흡하고 이 커다란 여행길에 올랐다.

그그렇게도 사랑하고, 이렇게 오래 떨어져본 적 없는 가족과 '안녕'을 고하고 공항 유리문을 통과했다.

드라마 같은 걸 보면 그 '유리문' 은 큰 의미를 담은 장치였다. 보통 사랑하는 사람을 따라 공항으로 달려와도 떠나는 사람이 '유리문'을 통과하면 다시 볼 수 없는 단계. 어쨌든, 이제 '떠났구나' 를 실감하며 돌아올 수 없을 것 같은 느낌을 주는 곳.

'유리문' 을 통과하고 여권 체크를 하자마자 왜 그렇게 눈물이 쏟아지든지, 1년이라는 시간을 기약하고 떠나기로 결정했건만 내 마음은 마치 평생을 못 볼 것 마냥 슬프기도 하고, 낯선 곳이 두렵기도 하고, 만감이 교차했다. 이젠 1년을 나 혼자 보내야겠구나, 앞으로 어떤 일들이 펼쳐질지, 누구를 만날지 전혀 모르는 상황으로 떨어졌는데, 어떻게 될지 아무도 모르는데…. 기대감보다는 당장 가족을 볼 수 없다

는 안타까움과 두려움이 나를 엄습해왔다. 공항에서 찍은 가족사진은 보지 않기로 했다. 보면 또 눈물이 날 것만 같아서….

그렇게 비행기에 올랐다. 그런데 비행기가 이륙하자 내 마음도 조금씩 가벼워지는 듯했다. 하와이 도착시간이 가까워질수록 내 마음이 두려움, 그리움에서 '긴장' 을 동반한 '설렘' 으로 점차 바뀌어가는 것을 느낄 수 있었다. 그리고 그렇게 하와이 호놀룰루 공항에 착륙했다. 나를 마중 나온 분들의 핸드폰 번호라도 있으면 좋으련만. 내가 가면 'YWAM HONOLULU' 라고 피켓을 든 분이 있을 거라는 메시지가 전부였다. 그래도 혹시 찾을 수 없으면 전화하라는 베이스 전화번호만 손에 들려있었다. 그러나 입국심사대에서 대략 1시간 정도를 실랑이해야 했던 내게 그들을 만나기 전까지의 시간은 길기만 했다. 호놀룰루 베이스(Honolulu base)로부터 받은 초청장에는 내가 그곳에서 약 두 달 정도 영어와 함께 선교에 대해 배운다고 되어 있었기 때문에 그들은 3개월짜리 도장을 찍어주려고 했다. 그러나 나는 하와이 일정이 끝이 아니라 미 서부와 뉴욕 일정도 계획했기 때문에 6개월짜리 도장을 받아야만 했다. 부족한 영어로 그들에게 내 상황을 설명하며 비행기 티켓을 보여주었다. 비행기 티켓에 있는 대로 나는 내년 1월에 나 뉴욕을 떠나 스위스로 간다고 설명했고, 날 담당했던 사람은 옆 사람과 계속 상의하고 책까지 뒤적거렸다. 급기야는 어디엔가 전화까지 하더니 결국 6개월짜리 도장을 찍어주었다.그렇게 어렵사리 그곳을 통과해서 호놀룰루 공항에 도착할 수 있었다. 야호!

Contents
U.S.A
Prologue
프롤로그 4
Hawaii
하와이 18
SanFrancisco
샌프란시스코 66
WELCOME
TO Fabulous
LAS VEGAS
NEVADA
Western Wonder
웨스턴원더 74
Newyouk
뉴욕 118

EUROPE
Lausanne
스위스 로잔 164
Paris
프랑스 파리 188
Rome - Firenze - Venezia - Milano
이탈리아 202
Brussels
벨기에 브뤼셀 238
London
영국 런던 246
Epilogue
에필로그 254

U.S.A
Hawaii

Hello - I am in Honolulu

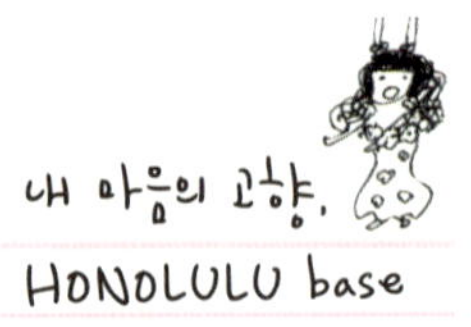

호놀룰루 공항에 도착하자 까무잡잡하고 똘망똘망하게 생긴 젊은 남자분이 얇고 가는 검정글씨로 'YWAM HONOLULU' 라고 쓴 흰 종이를 들고 계셨다. 그분과 함께 나를 마중 나온 다른 일행은 내가 예상보다 늦어지자 나를 기다리는 동안 공항 주변을 몇 바퀴나 돌았다고. 6개월짜리 비자를 받기 위해 입국심사대에서 거의 1시간이나 걸렸으니!

곧 도착한 다른 일행은 백인으로 제프Jeff라는 미국인이었다. 나이는 약간 들어보였지만 영화 〈귀여운 여인〉의 '리처드 기어' 와 비슷한 느낌이었다. 어쨌든 두 분 다 인상이 참 좋았다. 피켓을 들고 서 있던 분의 이름은 디제이DJ로 내게 입국환영선물이라며 사탕목걸이를 걸어 주었다. 낯선 곳에서 미아가 되지 않고 나를 마중 나온 분을 찾자 그전까지 걱정과 두려움으로 불안했던 내 마음이 안도의 숨을 내쉬었다.

디제이는 내게 계속 자기가 어느 나라 사람 같으냐고 물었다. 내심 그의 외모 때문에 '필리핀? 캄보디아?' 정도를 상상했으나 혹 실례가

HONOLLU BASE
YOUTH WITH A MISSION
Honolulu

될 수도 있어 모르겠다고 얼버무렸는데, 나중에 알고 보니 한국 사람이었다. 내게 한국말이 아닌 영어만 쓰게 하려고 일부러 그랬다는 것이다. 그렇게까지 세심하지 않아도 되는데…. 그렇게 하와이 베이스에 도착했다.

호놀룰루 베이스에서 받은 첫인상은 한적한 전원마을이 주는 평화로운 안정감과 한국에서는 느낄 수 없던 열대의 이국적인 새로움이 함께 있는 신선함이었다.

수업 시작일보다 며칠 일찍 도착했는데도 이미 나보다 먼저 도착한 이들이 몇 있었다. 제프는 그곳에서 제프의 부인이자 한국인인 지인을 소개시켜주면서, 앞으로 잘 모르는 거나 궁금한 건 지인에게 물어보라며 마음을 써주었다. 내가 쓸 방 침대에는 'ALOHA' 라고 쓰인 바구니에 노트, 수첩, 각종 초콜릿과 하와이에서 만든 듯한 긴 조개 목걸이, 또 하와이안 야자나무가 그려진 작은 장식용 슬리퍼와 하와이 풍경이 찍힌 엽서 한 장이 들어있었다.

한국을 떠난 첫 방문지에서의 느낌은 이렇게 따뜻하게 시작되고 있었다.

영혼이 따뜻했던 이곳, Honolulu base…

나무에는 아보카도가 매달려 있고, 조금 더 가면 열대의 상징 바나나나무도 있다. 그리고 예쁜 계곡물까지 이곳, 베이스 안에 다 있다. 숙소 안에 있는데 밖에서 마커스가 부른다. 나가보니 잠시 기다리라며 베이스의 카카오나무에서 열매를 직접 따서 톱으로 잘라준다. 나랑 순은 그걸 손으로 잡고 마셔본다. 아, 여긴 하와이인 것이다. 그리고, 난 그곳에 있는 거고….

온 지는 얼마 되지 않았지만 마냥 좋기만 한 이곳.
마당의 초록색 테이블에서 함께 하는 로맨틱한 식사시간,
그 끝을 알 수 없이 투명하기만 한 파란 하늘,
그리고 내 몸 구석구석으로 퍼지는 이 깨끗한 공기와
그 공기로 숨을 쉴 수 있는 지금 이 순간들,
바람에 흔들리는 야자나무 잎사귀들의 반짝거림,
해질 무렵 노을을 등지고 선 야자나무의 실루엣,
마노아 가는 길에 가끔씩 비가 살짝살짝 내린 후 어느샌가 나타나서,
지금 내가 걸어가는 풍경을 동화 속 풍경으로 바꿔주는 무지개,
서핑하는 사람들의 에너지 넘치는 생생한 모습들,
마치 영화의 한 장면 같은 훌라춤 추는 사람들의 모습과 음악소리,
그리고 그 영화의 배경음악처럼 들리는
나를 유혹하듯, 내 마음을 달래듯 계속되는 파도소리,

엽서 속 풍경 같은 와이키키 해변의 호텔,

이 모든 것 안에 내가 있음을,

이 살아 있는 느낌을,

생동감 넘치는 이 행복감을,

사랑한다.

그리고 그 무엇보다

소중하고 귀한 사람들을 만나고 있음에 더없이 감사한다….

하와이 스타벅스

YWAM HONOLULU
베이스 근처의 한국식당

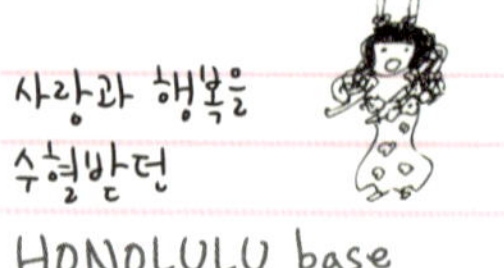

사랑과 행복을 수혈받던 HONOLULU base

Amazing love, Amazing grace!

사랑받고 있음을, 보호받고 있음을 느끼게 해준 곳,

말할 수 없는 평화와 기쁨으로 여유를 찾게 해준 곳,

지친 내 영혼이 회복되던 곳,

지상에서 경험했던 천국 같아 마치 꿈을 꾸는 듯했던 곳,

마음이 너무 평화롭고 기쁘고 가벼워서

마치 날고 있는 듯한 착각마저 들게 했던 곳,

기뻐 춤출 수 있던 곳,

꽃을 보고 연구하며 예배드리던 곳,

난생 처음 보는 외국인이 날 위해 그렇게나 기도해주던 곳,

그래서

떠날 때 너무 아쉬워 눈물 흘릴 수 있게 해주던 곳.

worship song

남을 위해 산다는 게 그렇게 행복한 일인가보다. 그들은 '선교사'의 삶을 살고 있어 스스로의 삶은 타인을 위해 내어놓은 것인데, 아이러니하게도 그들은 내가 아는 이들 가운데 가장 행복해 보였고, 그들의 가정에는 평화가 넘쳐보였다. 보통 자신의 가족만을 먹이고 입히고 살아가기에도 빠듯한 것이 보통의 우리네 삶인데, 그들은 억지로 자신들의 삶을 꾸려가려고 애쓰지 않는데도 너무나도 잘 지켜지고 있는 것 같았다. 노력하지 않는다는 것이 아니라 아등바등하지 않아도 되는 여유가 있다는 것.

이곳에는 언제나 평화와 웃음이 넘쳤다. 그리고 따뜻했다. 그들은 가진 돈이 많지는 않았지만 모든 풍요로운 것을 이곳에서 함께 누리고 있는 듯했다. 순간 갑자기 우리네, 나의 삶이 너무나도 작고 편협해 보였다. 내게는 하와이의 풍경보다 이곳에서 이렇게 살아가고 있는 이들의 모습이 더 놀라웠고, 어느 면에서는 충격적이기까지 했다. 사실 그렇게 배웠다 하더라도 실제로 그런 삶을 살아가는 것이란 쉬운 일이 아니기 때문이다. 그래서 하나님이 나를 이곳으로 인도하셨나보다.

예전에 책을 통해 만났던 분을 이곳에서 이렇게 만나게 되다니, 너무 놀라웠다.

베이스가 온통 들뜬 분위기다.

나 또한 설렌다.

콘퍼런스 준비로 모두 바쁘다.

음식을 준비하고, 텐을 꾸민다.

텐에 모여서 예배드리고 강의 듣는 시간을 가지고 저녁식사도 텐에서 할 예정이라 분주히 그곳의 테이블을 장식한다. 테이블 장식 때 쓰일 꽃은 베이스 나무에 있는 나뭇잎과 예쁜 꽃을 따다가 쓰면 된다. 에덴동산이 따로 없다.

로렌 커닝햄이 도착하셨나보다. 실제로 보면 어떤 분이실까? 10년 전에 책을 통해서 만났던 분!

그 책의 내용은 하나님이 주신 꿈을 꾸면서 하나님을 믿고, 그 주신 꿈을 믿고 한 발짝 움직일 때 실제로 그 꿈들이 현실로 일어나는 내용이었는데 워낙 놀라운 이야기가 많아서 마냥 신기해했다.

그 놀라운 이야기의 가장 큰 내용이 그분이 이 YWAM을 전 세계에 만들어간 부분이다. 그래서 이곳은 수많은 믿음의 청년들이 세계 각지에서 와서 함께 예배드리고 복음을 전하는 곳이 되었다. 그 거대한 현장 속에 지금, 나도 와 있다.

대학교 1학년 여름방학, 그냥 재밌고 궁금한 마음에 따라갔던 하계 수련회에서 처음으로 하나님을 만나게 되었다. 그분은 나에게 '주연아~내가 너를 너무 사랑한단다, 내가 너를 이렇게 끝없이 사랑한단다' 라고 말해주셨다.

그후 대학생 시절 로렌 커닝햄의 책을 통해 만났던 그 분과 그 분의 이야기는 정말 놀라운 경험이자 만남이었다.

여러모로 오늘의 소감.

'하나님 안에서 꿈은 이루어진다!'

아니 좀더 정확히 '하나님이 하나님을 온전히 신뢰하고 믿고 따르는 그 한 명을 통해 하나님의 크신 꿈을 이루어나가신다. 두려워하지 말자!'

Welcome to Honolulu

코리안 페스티벌
Korean Festival
KOREAN FESTIVAL
SATURDAY , JULY 15, 2006
Korean Festival 2006
SCRIP
물냉면

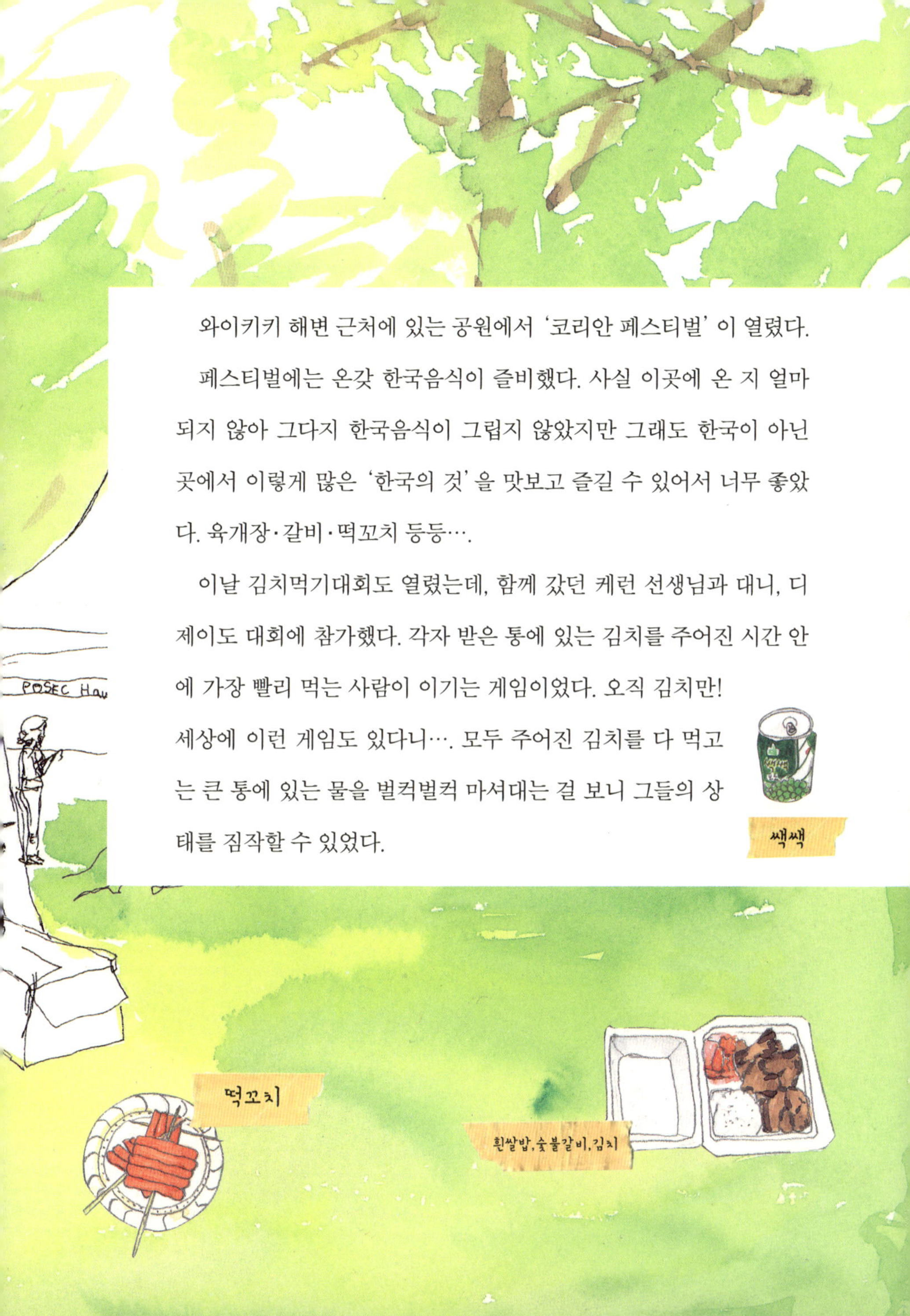

와이키키 해변 근처에 있는 공원에서 '코리안 페스티벌' 이 열렸다.

페스티벌에는 온갖 한국음식이 즐비했다. 사실 이곳에 온 지 얼마 되지 않아 그다지 한국음식이 그립지 않았지만 그래도 한국이 아닌 곳에서 이렇게 많은 '한국의 것' 을 맛보고 즐길 수 있어서 너무 좋았다. 육개장·갈비·떡꼬치 등등….

이날 김치먹기대회도 열렸는데, 함께 갔던 케런 선생님과 대니, 디제이도 대회에 참가했다. 각자 받은 통에 있는 김치를 주어진 시간 안에 가장 빨리 먹는 사람이 이기는 게임이었다. 오직 김치만! 세상에 이런 게임도 있다니…. 모두 주어진 김치를 다 먹고는 큰 통에 있는 물을 벌컥벌컥 마셔대는 걸 보니 그들의 상태를 짐작할 수 있었다.

휴식 같은 시간

수업시간도 좋지만, 수업 끝나고 이렇게 하와이 곳곳을 돌아다니며 노는 게 더 좋다. 하지만 제프와 같이 다녔으니 엄밀히 말하면 놀기만 한 건 아니다. 제프와 영어로 대화할 수 있는 좋은 시간이었으니 말이다. 물론 아직 제프에게 먼저 말을 걸거나 혹은 제프의 질문에 조금이라도 근사한 대답을 하려면 한참을 생각해야 한다.

base의 야자나무

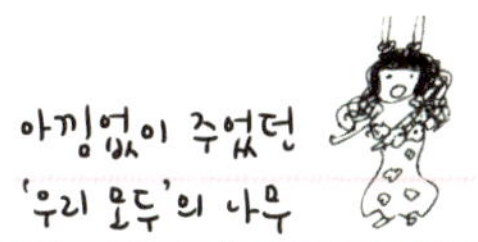

내가 사랑하는,

지금 내가 살고 있는

이곳 honolulu base에서의 시간

수업 끝나고, 자유시간에 base마당에서

책도 읽고, 베이스 사람들과 이야기도 하고,

간혹 그림도 그리며, 이렇게 그네도 타고….

마치 셸 실버스타인의 〈아낌없이 주는 나무〉처럼 이 나무는 내게 웃음과 위로와 여유와 쉼을 주었다. 그래서 다른 친구들도 종종 나무 밑에 엎드려 책도 보고 휴식을 취하곤 했다. 아마도 다시 일상의 삶으로 돌아갔을 때 이 나무의 평화로운 그늘과 행복한 지금 이 순간을 떠올리는 것만으로도 가슴이 벅찰, 그런 추억을 지금 만들어가고 있다.

이 베이스에서의 시간을 떠올릴 수 있는 것만으로도 나는 큰 축복을 받은 것이다.

와이키키
아가씨들과 춤을

순~

그렇게 좋니?

그렇게 좋아?

마냥 행복해 보이는

ESL best friend 순~~~

지금은 미국 몬타나와 주에 있을

에스더~

잘 지내고 있지?

와이키키 해변의 해질 무렵
얼마 전에
미국에서 걸려온
너의 전화
너무 반가웠어
나도 사랑해~

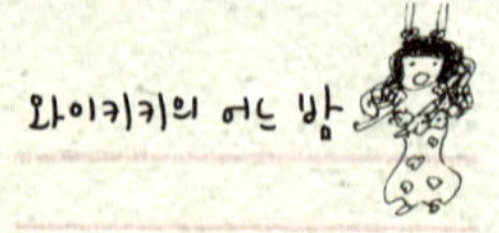

하와이에선 하나님이 천사들과 함께
날 이렇게 보호하고 계신 것 같아.
그만큼 행복했고, 보호받는 느낌이었으니까.

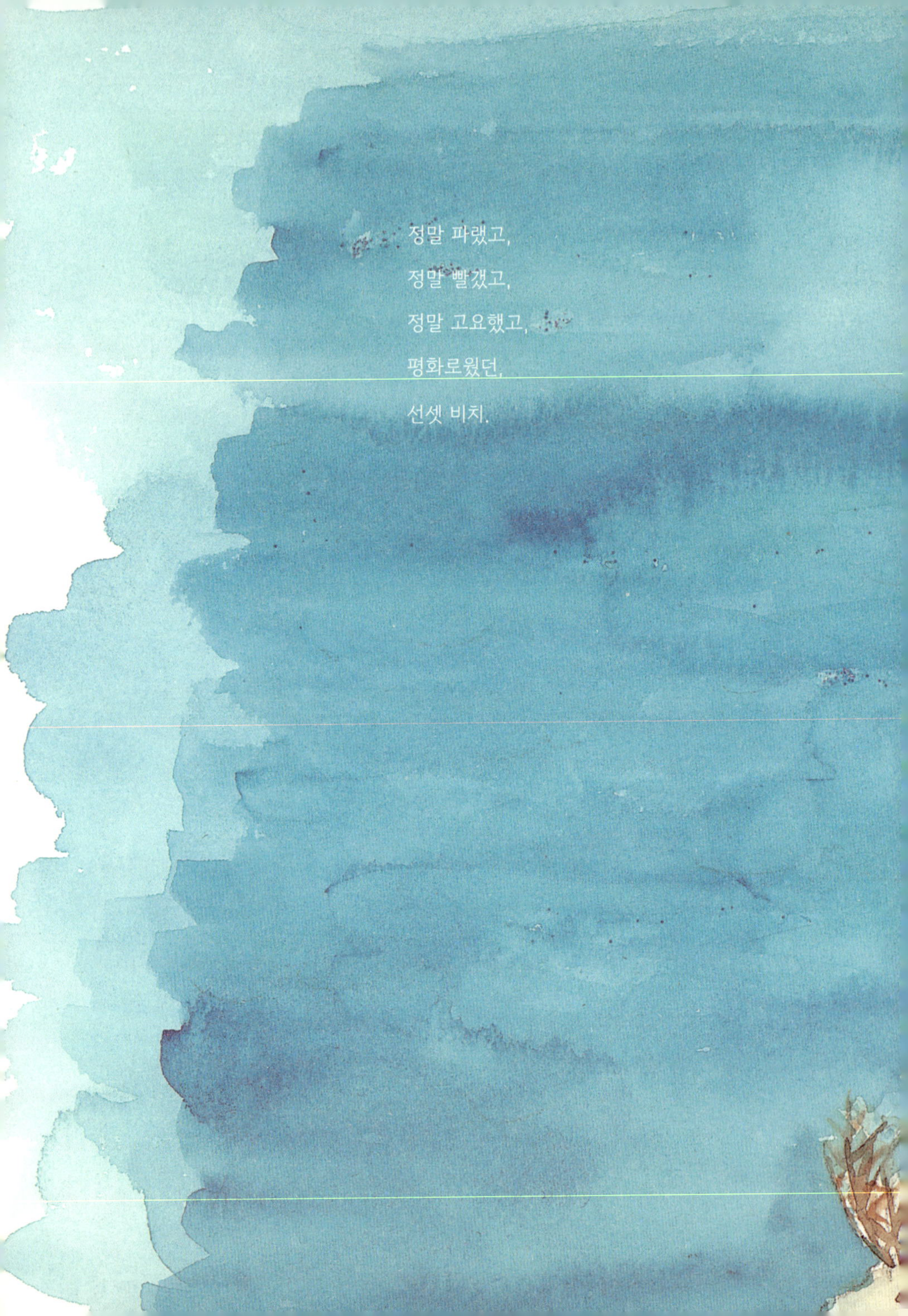
정말 파랬고,
정말 빨갰고,
정말 고요했고,
평화로웠던,
선셋 비치.

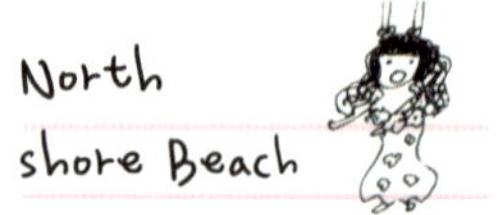

오늘 또, 영화 속에서나 보던 황홀할 만큼 아름다웠던 해변 앞에 섰다! 물론 수영복과 서핑도구들을 챙긴 채로…. 해변 앞의 집 또한 영화에서 빠져나온 것 같았다. 선생님 동생 분의 집이어서 우리는 그 집을 전세라도 놓은 듯 구경하며 옷도 갈아입고 사진도 찍고 놀다가 바다로 들어가기 위해 모래사장으로 나왔다. 그 멋진 2층집 바로 앞이 바닷가 모래사장이었다.

그곳에 있는 서핑보드를 튜브삼아 이 투명한 바다에서, 잔잔하지만 예쁜 파도를 사랑하는 베이스 사람들과 즐기는 몇 시간. 이 행운이란… 이 평화로움이란…. 그러나! 원래 행복이 있으면 그에 따르는 고통도 있는 법!

그렇게 몇 시간을 지냈더니 내 등은 거의 2도 화상 수준으로 탔다. 베이스로 돌아온 뒤로는 정말 너무 쓰라리고 아팠다. 가끔씩 대니가 내 등을 보고 "How poor you are!" 라고 할 정도였으니….

이날, 생전 처음 스노클링을 해보았다. 스노클링을 배운 적이 없어서 겁이 났지만, 둘씩 짝을 지어서 한다는 말에 조금 안심이 되었다. 그래도 여전이 무서웠지만, 얼마 지나지 않아 깊은 수심 밑으로 보이는 아름답고 신비로운 물고기들과 바닷속 풍경에 빠져들었다. 그러나 조심해야 한다는 긴장감도 놓지 않았다. 정말 깊어 보였으니까. 영화에서나 보던 총천연색의 열대어들…. 내가 알지 못했던 또 다른 세상이 펼쳐지고 있었다.

한국에 있었을 때 내가 늘 걱정하던 그 많고 커다란 문제들이 왜 이렇게 작아지는지, 마치 마음의 평화를 찾은 느낌이라고나 할까? 지금의 하루하루는 행복하고, 여유롭고, 말할 수 없는 평화·기쁨·사랑·감사만으로 가득 차 있다. 단 며칠 쉴 휴가도 갖기 힘든 때도 있었고, 사람관계 때문에 아프기도 하고, 상처받은 적도 있었지만…. 그 모든 기억은 다 사라지고, 아니, 솔직히 그런 것 자체를 생각할 겨를도 없었다. 이 여유가, 이 평화로움이 너무 좋아서.

이런 하루하루가 나의 일상이 될 수 있을까?

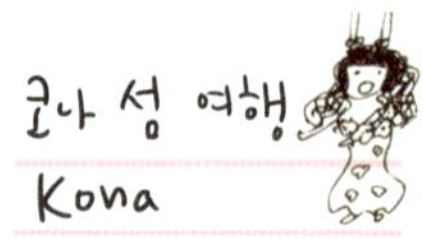
코나 섬 여행
Kona

감동적인 하늘이다. 미술을 하는 내가 예술과 컬러를 사랑하는 내가 다른 어떤 것보다 따라 하기 힘들고 경이롭게 느끼는 게 자연의 색이다.

그 다채로움, 그 아름다운 조화 그리고 그 무엇보다 아무리 잘 만들어도 감동이 없는 어떤 것이 있는데 자연 앞에서는, 언제나 감동이다!

그런데 막상 생각해보니, 이렇게 자연의 아름다운 색 앞에서 감격하고, 셔터를 눌러대는 게 얼마만인지! 다른 모든 사람이 여유 있어 보일 때도 내 삶은 항상 빠듯하기만 했는데, 그 힘겨웠던 순간이 지금 내 삶에 이렇게 큰 선물이 되어 돌아오는구나.

블랙 샌드 비치
Black sand beach

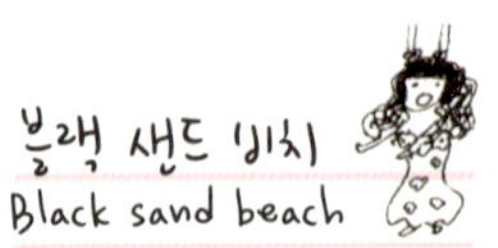

까만 모래 때문에 모래에 비친 물도 까맣게 보인다,

마치 제주도 현무암 해변의 검은 바다처럼.

그 위에 하얀 파도만 철썩~철썩~!

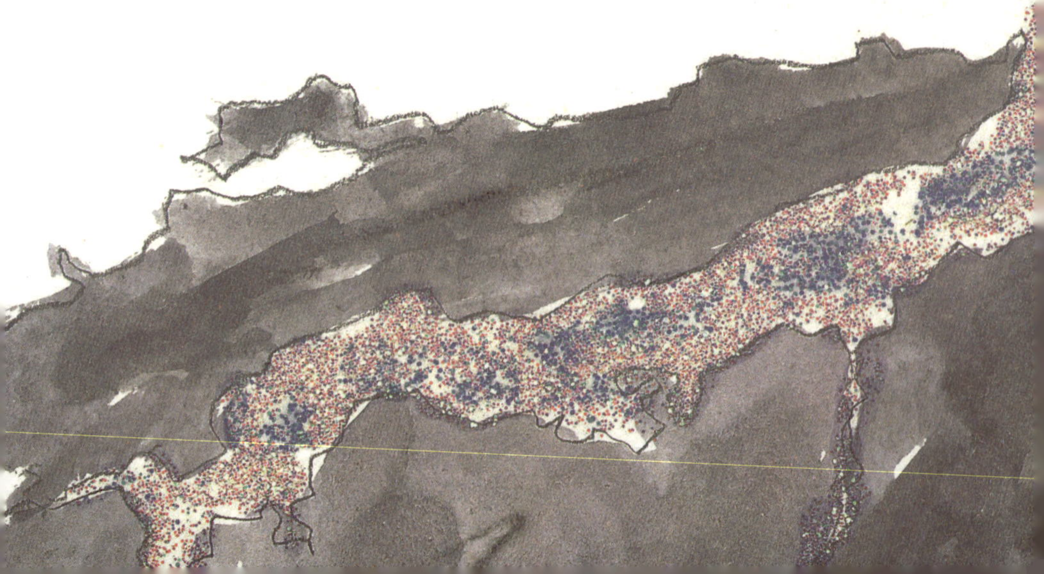

하와이 와서 너무 좋기만 하다가 처음으로 힘들어본다. 1박2일의 짧은 일정 동안 코나 섬을 돌아보는 거라 일정이 빠듯했다. 그린 샌드 비치를 보기 위해 아침도 굶은 채로, 쉴 그늘 하나 없는 광야 같은 길을 몇 시간씩 걷고. 다시 다음 일정을 위해 그린 샌드 비치를 잠시만 관람한 후 또 점심도 거른 채 그 광야의 길을 다시 되돌아갔다.

또 밤에는 바닷가에서 신으려고 신고 온 아쿠아 운동화를 신고 용암이 나오는 지대를 작은 손전등 하나에 의지해 다시 몇 시간을 걸었다. 돌아올 때는 차에 기름도 다 떨어져 숙소까지 가지도 못하고 주유소가 문을 열 때까지 차 안에서 자다 새벽에나 돌아왔다. 꽤나 험난했던, 여행 와서 힘들어 처음으로 눈물까지 흘렸던 날이다.

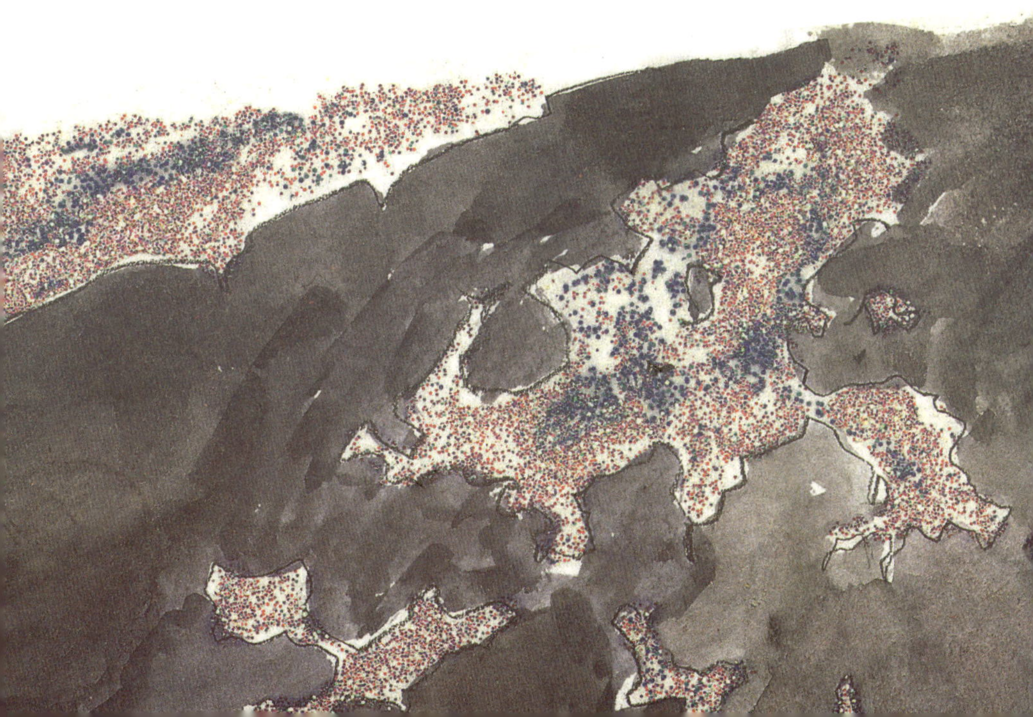

코나 열방대학에서 우연치 않게 만나 허기진 우리에게 맛있는 저녁을 대접해주신 한국인 간사님, 그리고 우리에게 코나의 농장을 구경시켜주면서 벌꿀과 그곳의 각종 열매를 맛보게 해주고, 그곳에서 재배되는 유명한 코나 커피와 꽃을 선물로 주었던 마음 착한 코나 농장의 젊은 청년 농부에게도 감사를 전한다.

호놀룰루에 도착하자 제프가 벤을 가지고 우리를 기다리고 있었다. 마치 엄마가 기다리는 내 집으로 돌아온 듯한 너무도 반가운 느낌이었다. '이제 집이구나~!' 우리는 벤 안에서 제프에게 우리가 1박2일 동안 재미도 있었지만 얼마나 힘들었는지 이야기하기에 바빴다. 그러는 사이 어느새 사랑하는 우리의 베이스에 도착했고, 씻고 잠에 빠져들었다.

수업이 끝나면 일주일에 세 번씩 있는 성경공부시간에 우리가 머물고 있는 곳이 하와이라는 점을 최대한 살려서 호놀룰루 명소들을 찾아다니며 그곳 구경도 하고 성경공부도 하곤 했다. 제프가 우리를 가르쳐주었기 때문에 우리는 영어로 공부하고 영어로 말해야 했다. 처음에는 버벅거리며 말하곤 했는데 그래도 거의 마지막 시간대쯤에는 제프가 묻기도 전에 내가 먼저 좀 긴 이야기를 꺼내기도 했다. 일상 이야기면 그래도 좀 괜찮았을 텐데 성경을 영어로 읽고, 다시 그 느낌을 영어로 이야기하며 내 삶에 비추어 풀어내는 것이 어려웠다.

어쨌든 그날은 제프는 물론 같이 성경공부하던 친구 모두 내 영어가 많이 늘었다며 칭찬해주었다. 처음 맞는 외국생활은 내게 참 버거운 시간이면서도 참으로 행복한 시간이었다.

오늘은 어디를 갈까 많이 고민하다 결국 파인애플 농장에 가보기로 했다. 평소 사먹던 파인애플 브랜드 'DOLE' 이 여기서 재배되고 있었다. 신기하다.

우리 인생은 선택의 연속.
이 길을 가면 저 길을 포기해야 하고,
저 길을 가면 이 길을 포기해야 하고….
모두 다 가질 수는 없지만 기도하며,
최선의 길로 인도하실 주님을 믿으며
오늘 하루도 씩씩하게 내가 선택한 길을 가는 거다.
하지만 가끔, 아니 종종 이 길이 내게 가장 좋은 길이라고 알려주는,
선명하게 빨간색으로 칠해져 있는 표지판이나
밝은 불이 켜진 신호등 같은 게 있으면 좋겠다.

사람이 마음으로 자기의 길을 계획할지라도
그의 걸음을 인도하시는 이는 여호와시니라(잠언 16:9)

한국을 떠나기 전에 한참 고민하던 일정인 7박 8일간의 'WESTERN WONDER' 여행. 할까, 말까 많이 고민하다 결국 가기로 했다. 친구라도 함께 가면 좋으련만 그 여행의 일행 가운데 한국인은 나 혼자고 캠핑까지 해야 하며, 여행 중의 모든 일정을 나 스스로 혼자 처리해야 한다는 게 걱정스러웠다.

베이스의 선생님과 스텝들도 내가 걱정되었는지 케런 선생님과 제프 그리고 많은 분이 내 다음 일정도 무사하길 기도해주셨고, 케런 선생님은 유사시에 필요한 영어를 개인지도해주셨다. 캐런 선생님은 우리가 매일 〈영어일기〉를 써서 일주일에 한 번씩 제출하면 그냥 단순히 노트에다 틀린 부분만 고쳐 바로잡아주시는 게 아니라, 매번 한 명 한 명 따로 불러 왜 무엇이 잘못된 것인지 일일이 직접 지도해주셨고, 또 항상 잘하다는 격려의 말씀도 해주셨다.

케런 선생님과의 '개인지도' 는 주로 수업이나 'work duty' 가 없는 오후나 밤 시간에 이루어졌는데, 일상적으로 수업하고 영화도 보던 그 교실에서 케런 선생님과 함께한 1:1만남은 참 로맨틱한 느낌이었다. 아니, 그냥 하와이에서 숨 쉬는 모든 공기가 로맨틱했다.

그리고 지인은 내가 샌프란시스코에 도착하자마자 묵을 호스텔 예약까지 도와주었다. 언제나 참 감사하고 든든한 분들이다.

Romantic Hawaii

파인애플 농장

Graduation Night
졸업하던 날

우리의 졸업을 축하하기 위해 베이스의 모든 사람이 모였다.

사실 졸업 며칠 전부터 많이도 싱숭생숭했다. 너무 좋아 꿈처럼 행복했던 시간이 이제 저물고 있다는 안타까움 때문에. 내가 하와이에서의 시간을 이렇게 가슴 설레고 말할 수 없는 행복 속에서 지낼 수 있었던 것은 이곳에서 함께했던 모든 좋은 사람과의 만남 때문이었다. 그들의 진심어린 '환대'가 너무 고마웠고, 함께하는 친구들이 너무 좋았다.

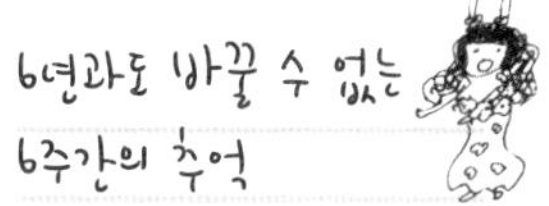

6년과도 바꿀 수 없는 6주간의 추억

벌써 끝났구나, 6주간의 시간이. 정말 최선을 다해 최대한의 사랑으로 최고의 시간을 선물해주셨던 베이스의 모든 귀한 인연에게 마음을 담아 감사를 전한다. 비록 6주간의 짧은 시간이었지만, 이런 시간이 나의 삶의 한 부분이 될 수 있었음에 너무나 감사하고 행복하다. 행복에도 크기가 있다는 걸 이곳에서 확인했다. 행복 중에서도 최고의 행복을 선물 받고 가져간다. 마치 이곳에서 '행복' 고농축 에센스를 얼굴에 잔뜩 바르고, '행복' 드링크를 마시고, '행복' 수혈주사를 맞아서 그 수치가 평상시와 비교할 수 없이 최고조로 올라간 느낌이다. 이렇게 내내 좋기만 하기도 힘든 일인데, 다 베이스의 여러분 덕분이다. 그리고 esl 사람들 덕분이다.

모두 고마워. 그리고 감사하고 사랑해. 정말 졸업하기 싫었다. 너무도 소중한, 그래서 잊을까봐 안타깝기까지 한 추억들. 이 귀한 추억을 잊지 않게, 없어지지 않게, 혹여 다시 일상을 살면서 놓쳐 떨어뜨리지 않고 마음에 잘 간직할 수 있게, 조심조심.

내일이면 또 다른 곳으로 떠난다. 6주간의 수업과 그 전후로 며칠씩, 대략 7주간의 시간. 하나님이 얼마나 선하신 분인지 얼마나 크신 분인지 다시 느낄 수 있었던 곳, 감사함에 눈물 찔끔 흘릴 수 있었던 곳, 겉으로 보기에는 화려하지 않아도 그 안에 참된 행복과 자유와 기쁨과 즐거움과 감사함과 사랑이 있던 곳. 이런 곳을 보게 하시고 알게 하시고 만나게 하신 하나님께 진심으로 감사.

또 새로운 곳으로 간다. 그곳에서는 정말 혼자인데, 짧은 시간이지만 두려운 마음과 떨리는 마음이 반반이다. 이곳에 오기 전에도 많이 두려웠지만 잘 지냈듯이 그곳에서도 그러길 바라고 또 그러리라 믿는다.

지금 이 순간, 정말 행복하다고 느끼는 이 순간은 특별한 이유는 없는데 그냥 무언가 나를 속박하고 억누르는 것 없이 그냥 나인 채로, 나답게 있을 수 있어서 그런 게 아닐까? 이 세상에 아름다운 것이 수없이 많지만 제일 아름다운 것은 사람인 듯, 물론 하나님 최고의 작품이 인간이니깐.

정말 깊은 믿음을 가진 사람에게서 나오는 아름다움이 또 얼마나 큰지, 이곳에서 수많은 아름다운 사람을 만나게 하심에 감사드리고, 이 순간만큼은 모든 것에 감사하고 모든 것을 사랑하고픈 시간이다.

— 하와이 떠나기 전날 밤에

U.S.A
San Francisco
HYDE ST. PIER
POWELL AND MARKET
HYDE BEACH
FISHERMANS WHARF

Heart in San Francisco

그렇게 행복했던 하와이에서의 7주간의 시간을 뒤로 하고, 샌프란시스코에 도착했다. 사실 처음 하와이에 갈 때는 그저 그곳에서 잠시 쉬려고 했던 것뿐인데, 하와이에서 너무 큰 사랑을 받았다.

샌프란시스코에서 이틀을 혼자 지내고 만나게 될 'Trek America' 팀 사람들은 어떤 사람들일까? 하와이에서는 외국인도 많았지만 한국 친구도 많았는데, Trek America팀에서 한국인은 나 혼자다. 그들과 7박 8일을 무사히 잘 지내야 할 텐데.

연노랑·연분홍·하늘색 등

온통 파스텔톤의 집들과 집집마다 피어 있는

화사한 꽃들은 도시를 더욱 따뜻하게 만들어준다.

케이블카 아저씨

아침 7시에 샌프란시스코에 떨어졌다. 예약해두었던 유스호스텔은 2시부터나 체크인이 가능해서 짐만 맡기고 거리로 나왔다. 그래서 씻지도 못한 채, 잠도 비행기에서 잔지라 핼쑥한 채로 샌프란시스코 거리 곳곳을 돌아다녔다. 확실히 하와이보다 춥다. 바닷가 앞 길목에서 어떤 아저씨가 샌프란시스코 도시 그림이 그려진 예쁜 옷들을 팔기에 분홍색 후드티를 하나 사서 입었다.

이곳의 명물이라는 케이블카를 타보기 위해 나도 사람들 틈에 줄을 섰다. 막상 타보니 아저씨들이 수동으로 작동해야 하는 부분이 많아서 사실 좀 놀랐다. 왠지 '샌프란시스코'라는, 미국이 낳은 세계적인 도시라는 명성에 걸맞게 아주 현대적일 거라고 상상했기 때문이다. 그런데 이렇게 오래된 교통기관이라니 말이다. 놀라웠지만 그래서 더 좋았다. 새것으로 바뀌기만 하는 것보다, 오랫동안 그 자태를 그대로 유지하고 있는 이것이 오히려 더 새롭고 신선했다.

GAP

샌프란시스코에 가면 꼭 들려보라던 PIER 39에 가기 위해 케이블카를 타고 부둣가로 향했다. 금문교를 걷다가 인사를 하면서 동행하게 된 타이완 아주머니와 함께. 낯선 곳에서, 또 낯선 사람이지만 함께할 수 있는 동행이 생겨서 좋았다. 중간에 잠시 미국인 아저씨와도 동행했지만 그분은 가는 방향이 달라 중간에 헤어지고 타이완 아주머니와 둘이서만 바람 부는 금문교를 걸으며 함께 저녁까지 먹었다.

이곳 바닷가 선착장 부근에는 킹크랩이나 랍스터 같은 먹음직스러운 해산물이 즐비했는데 아주머니와 나는 킹크랩과 간단한 샐러드거리를 사서 시장 귀퉁이에서 먹었다. 샌프란시스코 바닷가의 쫄깃쫄깃한 킹크랩, 낯선 곳에서, 낯선 이와 서서 먹는 저녁이지만 킹크랩을 파는 곳의 분위기와 맛은 하와이와는 또 다른 묘하고도 낯선 설렘을 가져다주었다.

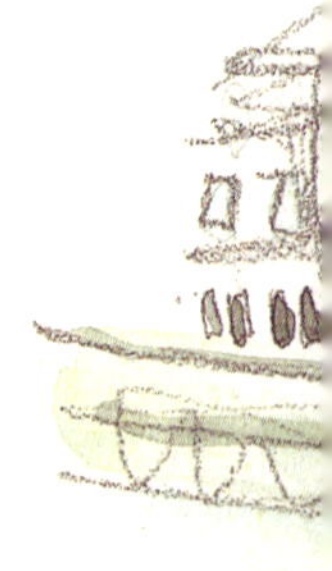

빨간 꽃무늬 아저씨들,
동성애 커플인가?

U.S.A
Western Wonder
WELCOME
TO Fabulous
LAS VEGAS
NEVADA

Grand canyon in Western Wonder

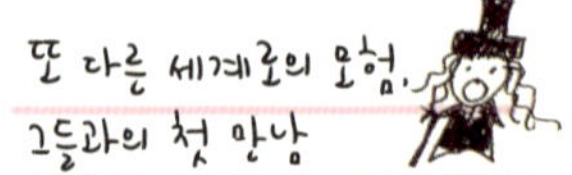

한국에서, 그리고 하와이를 떠나기 전 이곳 Trek America 여행을 결정하기까지 내 마음은 마치 처음으로 다이빙대에 올라서서 물속으로 뛰어들 것인지, 아니면 취소하고 돌아설 것인지를 고민하는 사람 같았다. 물속으로 뛰어내려 성공하면 이전에는 알 수 없던 성취감과 쾌감 그리고 해냈다는 자신감을 얻을 수 있을 터였고, 뒤돌아서면 그런 극적 성취감은 없어도 위험을 무릅쓰지 않아도 될 뿐더러, 최소한 안전과 이전의 삶은 보장받을 테니 말이다. 그러나 그 겁나고 무서워했던 다이빙대 위에서의 갈등 끝에 나는 물속으로 뛰어내리기로 결정했고, 그 결정의 결과로 난 이곳에 오게 되었다.

어제 미리 답사를 해두었기 때문에 코모도로 호텔은 쉽게 찾을 수 있었다. 하지만 언덕 같은 도로를 한참 올라가야 있는 호텔이라 가는 길이 생각보다 만만치가 않았다. 내 짐은 기내용 캐리어 하나, 그 위에 올릴 수 있는 큰 가방 하나, 그리고 작은 배낭 하나. 언덕길을 짐과 함

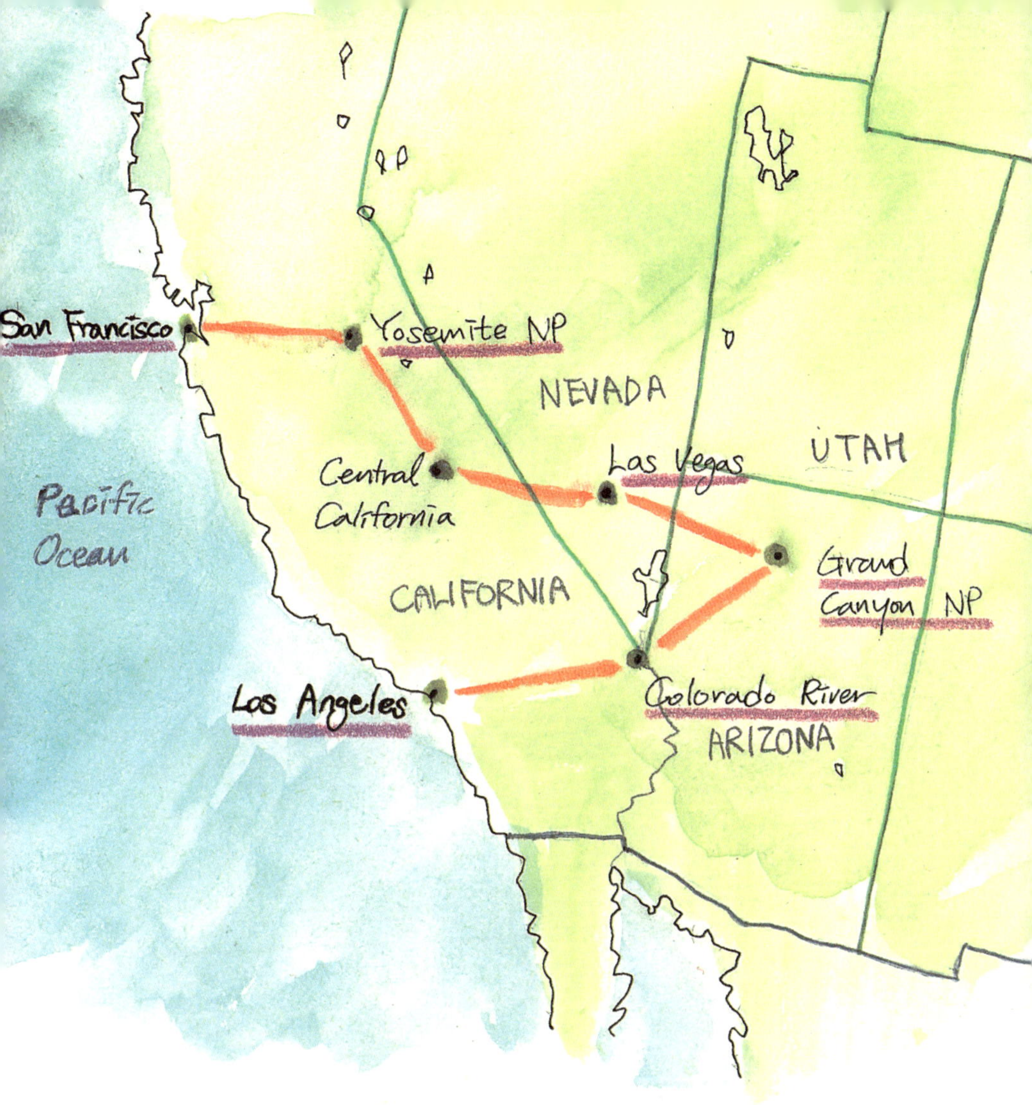
San Francisco
Yosemite NP
NEVADA
Central California
Las Vegas
UTAH
Pacific Ocean
Grand Canyon NP
CALIFORNIA
Los Angeles
Colorado River
ARIZONA

께 걷자니 정말 버거웠다. 대략 20분 정도의 길을 '헉헉' 거리며 드디어 호텔에 도착! 호텔 로비에는 커다란 배낭을 앞에 둔 외국 배낭여행객들이 소파에 죽, 앉아 있었다. 한눈에도 그들이 나와 같은 팀이라는 걸 직감할 수 있었다. 약간 떨리는 마음으로 그 무리로 들어가 가운데 기둥에 붙어있는 메모를 확인했다.

〈Trek America Western Wonder Team〉이라는 명단 맨 밑에 국적은 Korea, 이름은 Chang Ju Youn 이라고 씌어 있었다. 아~ 반가운 내 이름, 제대로 온 것이다.

명단을 확인하고는 바로 여행가이드에게 줄 보험서류를 비롯, 챙겨온 서류를 꺼내려는데 소파에 앉아 있던 한 백인여자가 내게 말을 걸어왔다. '엘렌Ellen' 이라고 자기를 먼저 소개한 후 내 이름을 묻기에 '리나' 라고 대답했다. 이후, 여행 내내 서로 챙겨주는 사이가 된 엘렌과의 만남은 이렇게 시작되었다. 그렇게 인사를 마치고 잠시 로비 쪽으로 가자 같은 팀으로 보이는 한 남자가 엘렌과 마찬가지로 자기를 먼저 소개하며 내 이름을 물어왔다. 나는 역시 나를 '리나' 라고 소개하고, 한국인이고 하와이를 거쳐 이곳에 왔다고 간단히 설명했다. 내 이야기를 듣던 그는 호기심과 장난기 가득한 눈으로 혼자 왔냐고 묻고는 내가 그렇다고 하자 눈이 휘둥그레지더니 정말 용감하다며 연신 놀라워했다. 그는 엘렌의 남자친구였다.

트랙아메리카 일정표

TRIP PLANNER

LEADER: Sarsar Fatima

TREK CODE: W 1 S

PHONE NUMBER: 310 658 4706

	DATE	DAY	NIGHT STOPS	ACCOMMODATION	GENERAL COMMENTS	MILES
1	8/28	Mon	Yosemite (CA)	Indian Flats Camp Tel:(209) 379 2339 ♻ (sh) $h L (P)	Visitor Center Trek Orientation	300
2	8/29	Tue	Yosemite (CA)	Indian Flats Camp Tel:(209) 379 2339 ♻ (sh) $h L (P)	Free Day Hiking (Dinner Pizza	Local
3	8/30	Wed	Las Vegas (NV)	Super 8 Tel:(702) 794 08 88 ♻ (sh) $h (L) (P)	Limo Tour Buffet	500
4	8/31	Thu	Las Vegas (NV)	Super 8 Tel:(702) 794 08 88 ♻ (sh) $h (L) (P)	Free Day Gambling, Shopping	Local
5	9/01	Fri	Grand Canyon (AZ)	Mather Camp Tel: ♻ sh ($h) L P	Helicopter Flight Sunset	300
6	9/02	Sat	Colorado River (AZ)	Buckskin Mountain State Park Tel: ♻ sh $h L P	Swimming Farewell Party	300
7	9/03	Sun	Los Angeles (CA)	Hacienda Hotel Tel: (310) 615-0015 ♻ (sh) $h (L) (P)	City Tour	300

Tipping

* Restaurant : 15% - 20%
* Bar : $1/per drink
* Guides/Services : 10%
* Trek America Tour Leader : $3 per person per day

Expenses :

* Food Kitty : $50 per person
* Las Vegas Hotel : $49.05 incl. tax
* Las Vegas Dinner : ??? / person

* Optional Activities

→ Grand Canyon Helicopter Flight : $149/$199
→ Grand Canyon IMAX Movie : $10
→ Las Vegas Stratosphere & Rides : $24
→ Las Vegas Indoor Skydiving : $50
→ Las Vegas Bungee jumping :
→ Yosemite Bike Rental : $7.50/hr $28/day
→ SF Bay Sunset Sail Cruise : $38 (include 2 drinks)

sh = Showers are available $h = Pay Showers are available L = Laundry is available P = Pool is available ♻ = Recycling facilities available RECYCLE!
1 mile = 1.6 kilometers

이런 식으로 내가 먼저 다가가지 않아도 또 가이드가 나서서 한 팀이라고 소개해주지 않아도 처음의 어색함 없이 서로 서로 소개하고 인사를 나눴다.

그렇게 만난 '글렌'에게 나만 혼자 'Korean'이어서 두렵고 사실 영어도 잘 못한다고 걱정을 털어놨다. 그때 그가 정말 '괜찮다'는 진심을 담은 눈빛으로 '괜찮다'고 한마디해주자 신기하게도 진짜 안심이 되었다. 그렇게 마음의 여유를 찾고 있는 사이 우리 팀의 투어리더 '파티마Fatima Sarsar'가 호텔로 들어섰다.

그분은 자기소개를 하고 명단을 꺼내 우리 이름을 호명했고, 우리는 그분을 중심으로 동그랗게 모여앉아 앞으로의 여행에 대한 이야기를 간단히 듣고 각종 서류를 확인하고 바로 벤에 올랐다. 내 옆에는 맨 처음 내게 말을 걸었던 엘렌이 올랐다. 엘렌은 내 나이를 듣고는 내가 생각보다 많이 어려 보였는지 놀라했다. 그도 그럴 것이 그녀는 나보다 한참 어린 22살 대학생이었다. 우리는 그렇게 이야기를 주고받으며 대형 마트로 향했다.

조금 후 우리는 대형마트에 도착했고, 가이드는 우리를 두 명씩 짝을 지워주고는 각각에게 사올 물건을 정해주었다. 나는 글렌과 한 팀이 되었는데 솔직히 아직은 약간 어색하고 거리감도 있고, 그 역시 어떻게 해야 하는지 잘 몰라 하는 것 같았다. 그래도 우리에게 할당된 물건들을 샀다. 그렇게 각자가 사온 재료를 가지고 그 대형마트 앞에서 즉석 샌드위치를 만들어 먹었다.

우리의 차는 흰색 벤 두 대가 고리로 연결되어 있는 형태였다. 가이드가 우리를 태우고 앞 차를 운전하면 뒤에 짐을 실은 또 다른 벤이 같이 따라왔다. 우리는 큰 배낭들은 우리가 탄 벤의 지붕에 올려서 굵은 고무줄로 묶어 고정시켰고, 뒤의 벤에는 텐트며 각종 장비와 아이스박스 및 캠핑장비, 그리고 우리가 아까 마트에서 산 것들을 넣었다. 가이드는 그 짐칸에서 도마와 칼 등 간단히 샌드위치를 만들 수 있는 도구들을 꺼내주었다.

모두 두 개씩의 샌드위치를 만들어 하나는 먹고 나머지 하나는 각자 먹고 싶은 과일과 함께 '비닐팩'에 챙겼다. 이렇게 길에서 즉석 샌드위치를 만들어 먹는데도 우리 팀 가운데 누구도 그 일정에 토를 달지 않았고 가이드의 지시에 따라 척척 움직였다. 그렇게 우리는 간단히 끼니를 해결하고 다시 벤에 올랐다.

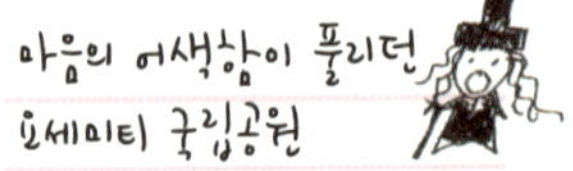

벤을 타고 도착한 첫 관광장소는 '요세미티 국립공원' 이었다. 파티마 가이드의 요청에 따라 우리는 요세미티 국립공원의 표지판 앞에 쪼르륵 앉았고 가이드는 사진을 찍어주셨다. 가이드가 우리에게 원하는 사람의 카메라로 사진을 찍어주겠다고 하자 우리는 모두 일제히 손을 들고 '저요 저요' 를 외쳤다. 그 아이 같은 스스로의 모습에 우리 모두는 처음으로 함께 크게 웃었다. 그 웃음과 함께 낯선 이들과의 첫 만남이라는 긴장과 어색함이 풀리기 시작했다.

요세미티 국립공원의 경치 또한 날 설레게 하기에 부족함이 없었지만, 내게는 이들과 한 팀이라는 사실이 더 중요했기 때문에 내 관심은 온통 '우리 팀 사람들' 에게로 향했다.

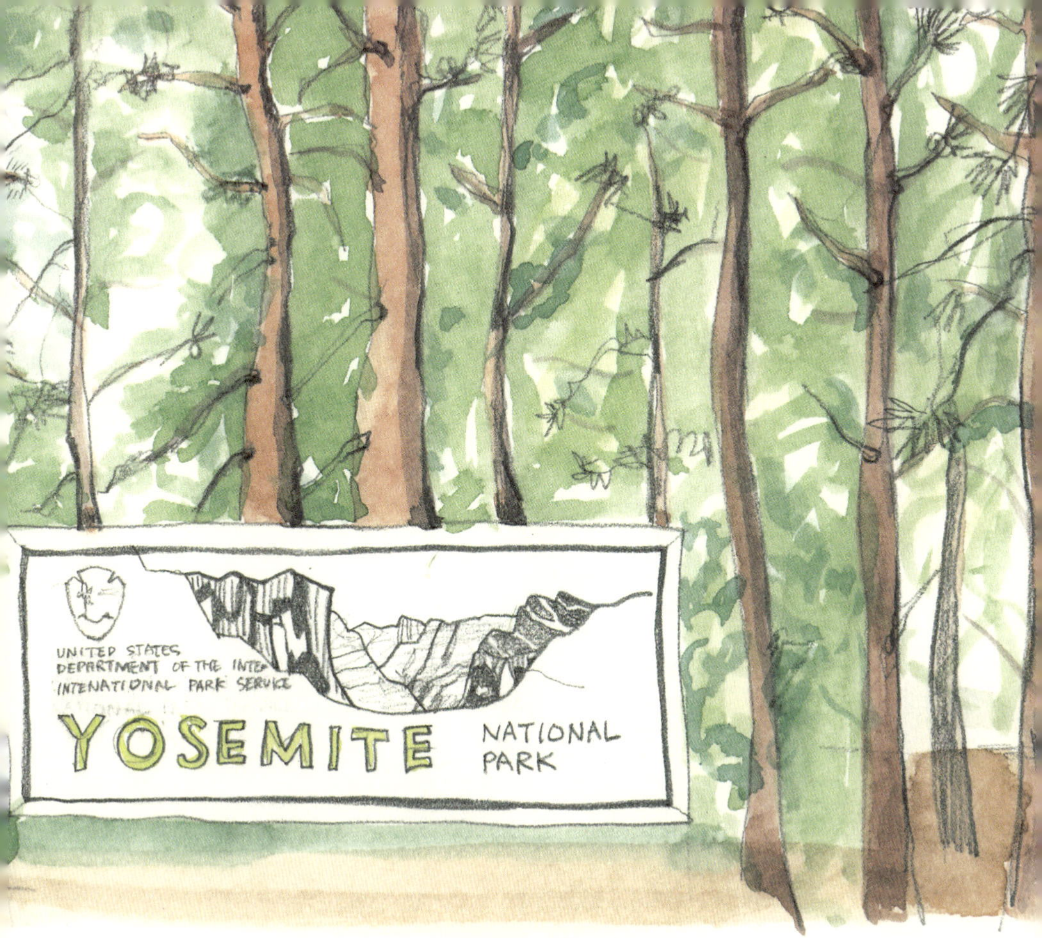
UNITED STATES
DEPARTMENT OF THE INTE
INTENATIONAL PARK SERVICE
YOSEMITE
NATIONAL
PARK

요세미티 공원

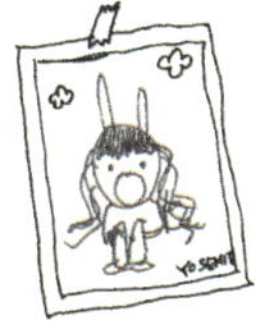

무지개와 바위

중간 정도쯤 올라가서는 바위에 앉아 아까 '팩' 해두었던 샌드위치와 과일을 먹으며 다 같이 쉬었다. 이후의 트래킹은 선택이었다. 더 올라가기 힘든 사람은 그냥 쉬고, 올라가고 싶은 사람만 오르는. 팀원들은 어떻게 할 건지 서로 의견을 나누면서 내게도 어떻게 할 건지 물었다. 솔직히 산에 오르는 게 좀 힘들기도 하고, 무척이나 더운 날씨였다. 민소매 티셔츠 하나만 입었는데도 땀이 비 오듯이 흘렀지만 언제 다시 오게 될지도 모르고, 여기까지 온 거 다 보고, 다 해보고 싶은 마음이 더 컸다.

그렇게 해서 나와 레이첼·글렌·리차드 이렇게 네 명만 더 오르기로 했다. 올라가는 과정은 솔직히 많이 힘들었지만 간간히 만나는 너무 귀엽고 예쁜 다람쥐들 덕에 웃을 수 있었고, 특히 맨 꼭대기에서 본 폭포에는 무지개까지 걸쳐 있었다. 보통 무지개라고 하면 하늘 위, 나보다 훨씬 높은 곳에 떠있는 것인 줄만 알았는데, 물론 내가 높이 올라오기도 했지만, 무지개가 내 바로 옆 바위로 둘러싸인 폭포에 예쁘게 걸쳐져 있는 게 마냥 신기했다. 마치 수고하고 올라온 우리를 기다리기라도 한 것처럼, 그렇게 우리를 반겨주고 있었다.

이름만으로도 설레는 라스베이거스 Las Vegas

우리의 가이드 파티마는 정말 교육이 잘된 가이드다. 그 분은 우리에게 몇 가지 주의사항을 주었는데, 그 가운데 하나가 이 여행은 다국적 배낭 여행이니만큼 언어를 사용할 때 영어를 사용하긴 하지만 영어가 모국어가 아닌 사람들을 배려해서 최대한 말을 천천히, 그리고 또박또박 말하고, 네이티브만 알 수 있는 '슬랭'은 피해달라는 거였다. 사실 그 팀에서 '영어'가 모국어가 아닌 사람은 프랑스인 가이드 파티마와 나뿐이었으므로 그 주의사항이 너무 고마웠다. 다행히 팀원 모두 동의해주었다.

아, 멋지고 예쁠 뿐 아니라 착한 나의 팀원들~!

라스베이거스까지 벤으로 대략 11시간 정도 걸리는 긴 여행이 될 거라는 가이드의 말에 '화장실' 가는 문제가 걱정되었다. 그러나 역시 그런 나의 염려가 무색하게 길어도 꼭 2시간 정도에 한 번씩은 휴게소에 들렀다. 그렇게 중간중간 쉬었던 휴게소 중에는 마치 옛날 서부시대를 연상케 하는 곳도 있었다. 벽에는 인디언 추장으로 보이는 인물의 낡은 사진이 걸려 있던 곳도 있었고, 인테리어도 온통 갈색의 통나무였다.

아마 한국인들끼리의 여행이었으면 그 긴 시간 동안 대부분 서로의 여행담이나 각종 해프닝 등을 이야기하며 보냈을 텐데, 이들은 모두 가방에서 책을 꺼내서 읽었다. 누가 '영국' 인들 아니랄까봐. 그래서 나도 하는 수 없이 가져온 책을 펼쳤는데, 내게는《여행 필수 회화》뿐이었다. 그러나 어쩌랴~ 누구 하나 얘기하는 사람 없이 모두 책을 읽는 것을. 나도 영어공부나 하자는 셈으로 책을 펼쳤다.

더 놀라운 것은 몇몇은 자기 책을 다 읽었다며 서로 바꿔 다시 책읽기 모드로 들어가는 거였다. 물론 간혹 소소한 대화가 없었던 건 아니었지만 대부분의 시간은 책 읽는 시간이었다. 또 다른 문화체험이다! 그래도 간간이 휴게소에서 잠시 쉬는 시간들을 통해서 그들의 신상에 대해 짧게나마 알 수 있었다.

벤을 타고 몇 시간을 달린 지금 어둑어둑 해가 지고 있다. 많은 기대와 함께 드디어 도착한 라스베이거스. 이제 라스베이거스라는 이정표만 지나왔는데도 라스베이거스는 그 이름만으로도 우리를 설레게 했다.

라스베이거스 길거리

이번 일정은 리무진투어를 하고 뷔페에서 저녁을 먹고 호텔에서 쇼를 관람하고 일명 카지노로 향하는, 참으로 라스베이거스다운 럭셔리 판타스틱 이벤트였다.

수준은 호텔급인 '수퍼 모텔'에 짐을 풀고 이틀 동안의 캠핑생활을 거친 우리에게 이곳은 천국 같은 안식처였다 'dress up' 하라는 가이드의 지시에 따라 우리는 후줄근한 캠핑 여행객에서 꽃단장한 럭셔리 여행객으로의 변신모드로 들어갔다. 사실 나는 꽃단장은 아니었고 그냥 치마로 갈아입었는데 이미 하와이에서 새까맣게 탄 상태라 영 생각한 느낌이 나지 않아 아쉬웠다. 우리 팀원들에게 최상의 스타일을 선뵈고 싶었는데 말이다. 그렇게 꽃단장한 채로 로비에서 만나자 우리는 서로의 '변신' 한 모습에 나름 새로워하며 즐거워했다.

생전 처음 타보는 리무진이어서 그야말로 나는 완전 들떠 있었다. 리무진 문이 닫히고, 어두운 차 안에서 우리의 들뜬 마음을 더욱 고조

시키려는 듯 크게 울리는 음악소리. 그리고 멋진 글라스에 와인 한 잔씩을 받아들고는 신이 나서 이런저런 이야기를 나누며 건배를 외쳤다.

리무진 안에서 서로 마주보고 앉았는데 내 옆에는 글렌이, 맞은편에는 레이첼이 앉았다. 레이첼은 리차드와 커플로 둘은 1년 정도 세계여행을 하고 런던으로 돌아가는 계획을 갖고 있었다. 아주 선해 보이는 인상을 가진 레이첼은 고맙게도 항상 날 잘 챙겨주었고 그래서 우리는 매우 가깝게 느끼는 사이가 되었다.

그렇게 서로 약간씩 긴장을 풀고, 조금씩조금씩 가까워지고 있었다. 이곳에서도 두렵고 어색하던 마음에서 편안함과 설렘으로 바뀌어 가고 있었다. 다이빙대에서 뛰어내리길 잘했구나, 안 그랬으면 이런 만남도 없었겠지?

이곳에서도 슬슬 흥미진진한 시간들이 펼쳐지기 시작하고 있다는 기분 좋은 예감이 든다.

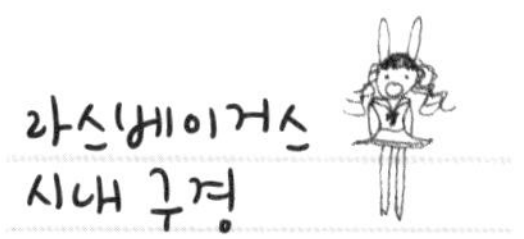

즐거운 리무진 투어, 그러나 아쉽게도 그리 길지는 않았다. 채식주의자라 뷔페는 생각이 없다는 사라만 빠지고 우리 모두는 뷔페로 향했다. 비록 이틀 동안이었지만 캠핑장에서 직접 만든 음식만 먹었던 우리는 뷔페의 다양하고 맛있는 음식에 열중했다. 게다가 역시 캠핑장에서와 달리 dress up하고 먹으니 분위기까지 살아 더욱 맛있는 시간이었다.

말이 완전히 통하지 않는 이들과 있으면서 이렇게 편안해하며 잘 지낼 수 있었던 것은 내가 그들을 좋아했기 때문이다. 아무리 말이 통하는 한국인이라도 싫은 사람과 있으면 그 자리가 불편하기 마련인데 난 이들의 인상이, 표정이, 서로를 배려하는 마음과 행동이, 격려해주고 자신감을 심어주는 그들의 말과 언어습관이 좋았다. 그럼에도 원하는 만큼 말이 통하지 않아서 좀 불편하긴 했지만 이들과 있는 것 자체가 불편하지는 않았다. 그리고 그들 역시 나를 좋아하고 있다는 것을 알 수 있었다. 그 느낌은 나를 행복하게 만들어주었다.

집 떠난 이후 처음으로 외국인과 동등한 입장에서 친구가 되는 느낌이었다. 하와이에서도 그곳 사람들과 많이 친했지만 그들은 언제나 우리에게 무언가 가르쳐주고 돌봐줘야 하는 입장이었고, 우리는 언어를 배우고 도움을 받는 입장이었다. 그래서 그들에게 신심으로 고마워했지만, 지금 나는 팀원들과 동등한 입장에서 즐거운 시간을 함께 보내고 있는 것이 좋았다.

그래도 아직 내 영어가 많이 부족해 상대방이 불편할 것 같아 마음이 쓰인다고 했더니, 글렌은 그렇지 않다고 괜찮다고, 자기도 스코틀랜드에서 와서 다른 영국인들과 억양이나 말투가 다르지 않느냐고 오히려 되묻는다. 그러면서 영국인들끼리도 지역에 따라 억양이 다 다르다며 내게 용기를 주었다.

가이드 역시 자기만 프랑스인이라 영어는 'second language' 지만 이 여행에서 이렇게 귀하고 근사한 사람들을 많이 만날 수 있어 너무 좋지 않느냐고 되묻는다. 그러면서 내게도 그런 걱정 말고 지금 이 여행을 통해서 만나고 있는 멋진 사람들과 즐겁게 즐기라고 한다.

아, 얼마나 고맙고도 좋은 사람들인지!

WELCOME
TO Fabulous
LAS VEGAS
NEVADA
FRONTIER
$1.99 FROZEN MARGARITAS
ROOMS AVAILABLE
FROM ONLY

밤의 도시 라스베이거스

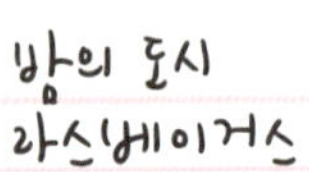

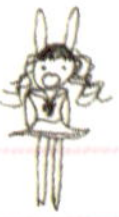

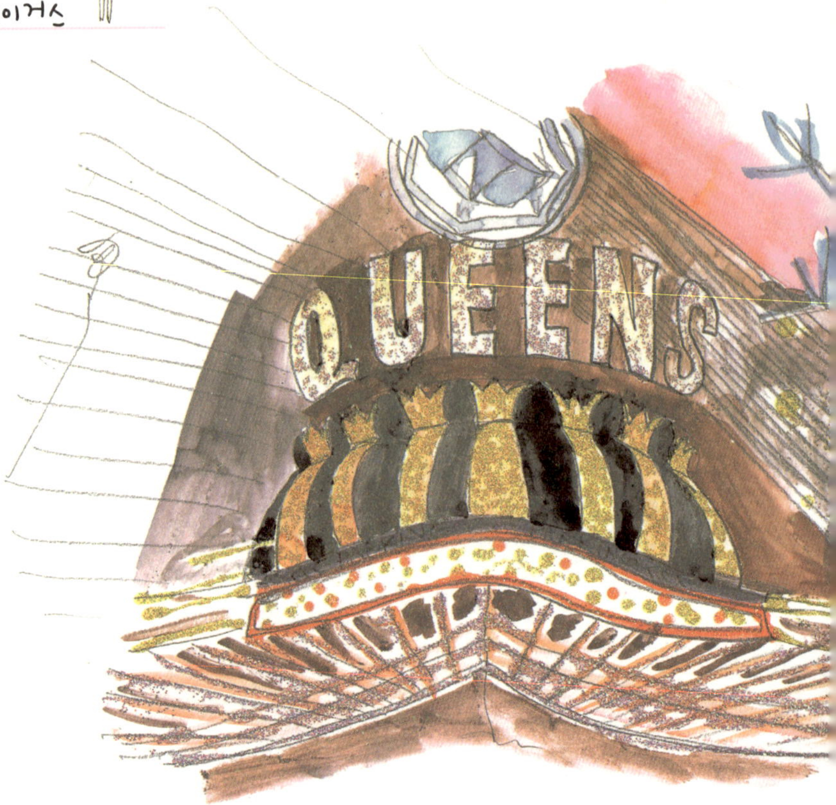

번쩍번쩍하는 휘황찬란한 불빛,

낮보다 밤이 더 환한 이곳의 밤.

그 화려함과 터져나올 것 같은 열기로 가득 찬 라스베이거스의 밤공기는 우리에게 일탈을 꿈꾸게 만든다.

그러나 우리는 다음날 그랜드캐니언으로의 일정을 앞두고 있어서 일찍 잠자리에 들었다.

안식 없는 밤

라스베이거스에 살고 이곳이 직장인 사람들도 있겠지? 개인적으로 나는, 이곳에서 며칠 정도 즐겁게 노는 건 몰라도 여기서 계속 살라고 한다면, 얼마나 살 수 있을까? 이렇게 365일 정신없이 들뜨는 곳에서.

이곳은 확실히 낮은 죽어있고, 밤에 살아나는 도시다.

나는 타고난 겜블러?

낮에 라스베이거스 시내를 구경하다가 너무 더워서 카지노로 들어왔다. 카지노 안의 한쪽에서 작은 게임이 시작되고 있었다. 왠지 그 게임은 나도 할 수 있을 것 같았다. 팀 사람들 모두 해보고 싶은 눈치긴 했으나 모두 머뭇거리고 있었다. 나는 고민 끝에 또 용기를 내어 앞으로 다가갔다.

겜블러가 우리에게 물었다, 날 어떻게 알게 되었느냐고. 온통 서양인 사이에 동양 여자 한 명이 끼어 있으니 신기했나보다. 그러자 다른 팀원들이 우리는 모두 여행에서 만난 같은 팀이라고 답했는데, 그 순간 괜스레 기분이 좋아졌다.

우리 팀, 내 친구들이 옆에서 구경하며 응원해준 덕분인지, 나는 1달러를 내고 7달러를 땄다. 작은 돈이지만 수익률로 따지면 무려 700%의 수익을 올린 것이다. 와하하~ 물론 작은 돈이지만 따는 기분은 짜릿, 통쾌 그 자체였다. 게임을 진행하시던 분이 내게 국적을 물어서 'Korean'이라고 했더니 코리안 많이 온다며, '꼴통'이 무슨 뜻이냐고 묻는 게 아닌가. 한국 사람들이 자기에게 꼴통이라고 불렀다며…. 나는 그냥 좋은 말이 아니니 쓰지 말라고만 했다. 좋은 말도 많은데 어째서 그런 말만 가르쳐주는 것인지, 화나고 안타까웠다.

동행한 팀원들에게 얼마 되지 않는 돈이지만 한턱내겠다고 했더니 글렌이 펄쩍 뛰며, 네가 딴 돈은 네 돈이라며 정색을 한다. 역시 우리나라 사람보다 내 것 네 것 개념이 크다.

겜블러들

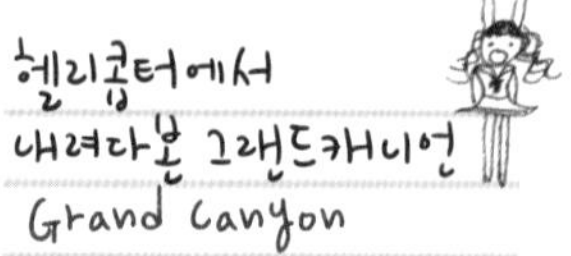

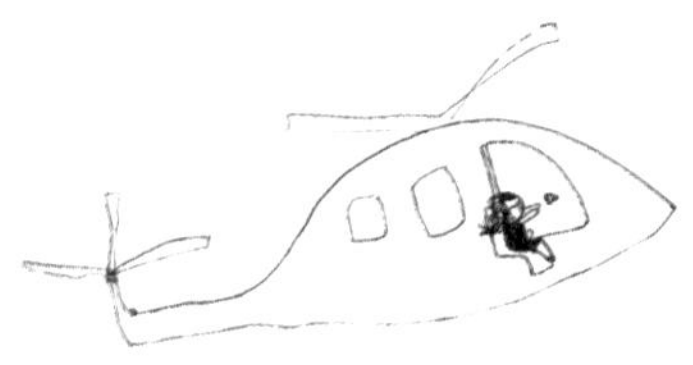

이름만 들어도 가슴 설레는 그랜드캐니언, 그런데 헬리콥터 투어까지 한다니! 투어는 옵션이었다. 일행 중 몇몇은 타지 않았고, 사실 나도 헬리콥터를 타는 것이 재미있어 보이기는 했지만 무서워서 또다시 살짝 주저하고 있었다. 가이드는 내게 이 투어가 진행된 이래 십 수 년간 사고는 거의 없었다고 안심시켜줬다. 한두 번 경미한 사고가 있긴 했다고 하는데 어쨌든 안전은 걱정 안 해도 된다고 힘주어 말하는 파티마의 말을 믿고 사라1, 2 그리고 레이첼과 한 팀이 되어서 헬리콥터에 탔다. 헬리콥터 안에서는 모두 헤드폰을 써야 했다. 헬리콥터의 소음 때문에 헤드폰을 통해서 파일럿의 설명을 듣고 헤드폰에 부착된 마이크를 통해서만 대화할 수 있었다.

헬리콥터 투어

그랜드캐니언

텔레비전 영상이나 사진으로만 봐왔던 그랜드캐니언의 웅장함을 직접 내 눈으로 확인했다. 말로는 다 표현할 수 없는 그 대지의 웅장함과 경이로운 마음까지 일게 만드는 엄청난 깊이, 형태의 아름다움, 신비함…. 이런 대작을 인간이 만든다는 건 불가능하다. 정말 신의, 하나님의 걸작 앞에 내 마음에 엄청난 감동의 전율이 일었다. 높은 하늘 헬리콥터 안에서 '웅웅' 날고 있는 소리 외엔 아무것도 들리지 않는 적막함 아래로 펼쳐지는 깎아지른 절벽 같은 수많은 협곡과 말로 다할 수 없이 신비한 모습은 정녕 잊히지 않는다.

헬리콥터 안에서의 시간은 대략 20여 분 정도였지만, 그 숨이 멎을 듯한 장엄함과 헬리콥터 안에서 본다는 긴장감 넘치는 스릴은 실로 컸다. 중간을 좀 지나자 파일럿은 우리에게 롤러코스터를 타는 것처럼 해주겠다며, 손바닥 위에 카메라 케이스를 올려놓고 손을 가슴높이로 둔 상태로 앉아보라고 하고는 갑자기 헬리콥터를 마구 흔들다.

그랜드캐니언 상공에서의 헬리콥터 롤러코스터. 의지와 상관없이 비명이 터져 나왔지만, 놀이공원의 롤러코스터로는 어림도 없는 스릴이었다.

WARNING!!

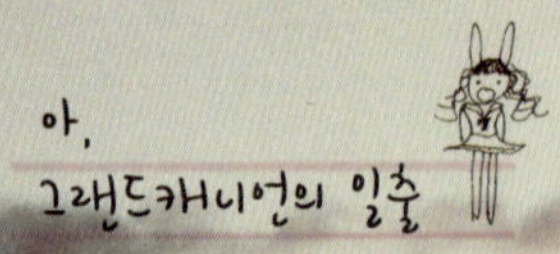

아, 그랜드캐니언의 일출

헬리콥터 투어를 마치고 일몰을 감상하고, 다음날은 새벽부터 일어나서 설레는 마음으로, 혹여 일출광경을 놓칠세라 세수도 못 하고 바로 일출을 보기 위해 서둘렀다. 매일 뜨고 지는 해, 지구상 어디서고

볼 수 있는 하나뿐인 같은 해, 하지만 그랜드캐니언에서 맞는 그 엄청난 경관 앞에 나는 완전히 압도당했고, 내 마음의 크기도, 생각의 크기도 계속해서 넓어지고 있었다.

콜로라도 리버
Colorado River

다시 벤을 타고 콜로라도 리버로 향했다. 캠핑장에 다시 텐트를 친다. 매일 긴 시간을 벤을 타고 달리고 매번 텐트를 폈다 접었다 하는 일도 만만치는 않지만 이런 경험을, 모험을 해볼 수 있었다는 것에 감사할 뿐이다. 이곳 강가에서 몇 명은 선탠과 독서를, 몇 명은 공놀이를, 나는 수영을 즐겼다. 이제는 모두 자연스럽게 이곳의 시간을 즐기게 되었다.

그들과 국적도 다르고 영어도 능숙하지 못했지만 그래도 자신감을 가지고 즐겁게 함께할 수 있었던 이유는 정말 별 것 아닌 것을 했을 때도 진심이라는 눈빛으로 나를 향해 'perfect' 'excellent' 를 외쳐주는 그들의 말과 표정 때문이었다. 사진 한 장을 찍어도 내가 찍은 사진을 보고 정말 환하게 웃으며 'excellent' 'perfect' 라고 말해주었던 그들. 또 마지막 날 밤 내기 당구를 칠 때 당구를 칠 줄 모르는 내가 망설이자 친절하게 일일이 다 설명해주고 내 작은 성과에도 'great' 라고 말해주는 그들. 사실, 칭찬받기도 너무 민망한 작은 것까지 칭찬해주는 그들 덕에 나중에는 '우쭐' 한 마음까지 들었다. 칭찬과 함께 그들의 표정은 항상 나에게 그 말이 진심이라는 것을 느끼게 해주었다.

물론 문화의 차이가 있고, 또 내가 유일한 동양인이라 더 마음을 써줬는지도 모르겠다. 하지만 나는 그들의 작은 말과 배려에 너무 감사했고, 내가 이들과 한 팀이라는 사실, 그래서 외국인이라는 느낌보다 동료애가 더 컸다. 정말 두려워 떨며 갔던 여행에서 너무도 행복하고 신기하고 놀라운 경험을 하게 되었다. 이들과 이렇게 친해지다니! 그저 어떻게든 일주일만 잘 버텨보자는 생각뿐이었는데 말이다.

이 여행은 아직도 내 마음속에 행복한 한때로 선명한 사진처럼 박혀 있다. 산타모니카 비치에서의 잊을 수 없는, 아니 잊기 싫은, 그래서 마음속 카메라로 저장해둔 그때. 물속이었기 때문에 사진을 찍을 수가 없어서 '이 순간을 눈으로, 마음으로 잘 저장해야지' 하면서 그 순간을 그렇게 응시하고 새기고를 반복했다.

햇빛을 받아 수시로 모양과 색을 바꾸는 보석처럼 반짝이는 바다, 또 산타모니카 비치에 사람이 너무 많아 베니스 비치와의 중간 어디쯤으로 옮긴 그곳에는 오로지 우리뿐이라 마치 바다가 우리를 위해 투명 울타리를 쳐준 듯했다. 그 빛나는 바다를 몽땅 우리가 전세 놓고 차지하고 있는 느낌, 오로지 우리만을 위해 펼쳐지고 있는 듯한 풍경들. 모든 것이 완벽했다.

여섯 명이 물속에 동그랗게 서서 일명 원반던지기이렇게 표현하니 맛이 떨어지지만를 하면서 서로 던지고, 또 그걸 잡으려고 파도치는 바다를 풍덩풍덩 잘도 뛰어다녔다. 잘못 던져진 원반이 이상한 방향으로 날아갈 때면 그걸 잡으려다가 파도 속으로 사라져버리기도 했고, 깊지 않은 수심이지만 때때로 세지는 파도가 우리를 다 덮어버리기도 했다. 잘못 던진 사람은 연신 'sorry'를 외쳤고 받는 사람은 열심히 잘도 뛰어다녔다. 우리는 그렇게 물속에서 많이도 웃었다.

그 모든 순간이 너무 생생하고 너무 행복했다. 정말 다른 말은 필요 없고 가슴이 많이도 떨리고 두근거리는 그런 순간이었다.

그들과 그렇게 신나는 시간도 오늘이 마지막 밤이다.

그들은 모두 다음날 떠나야 했고, 나는 하루 더 묵고 뉴욕으로 가는 일정이었다. 그들 모두 2박3일 정도 샌디에이고에 들렀다가 글렌과 게이였던 친구는 멕시코로, 엘렌·레이첼·리차드는 뉴욕으로 떠날 예정이었다. 지난 밤, 연락하라며 서로 메일주소를 다시 알려주고, 아쉬운 짧은 포옹과 'say good-bye.' 그리고 그들은 떠났다. 내가 샀던 파라솔은 샌디에이고로 가는 이들에게 선물로 주었다. 호스텔 로비에서 마지막 인사를 하고 다시 돌아보지 않았지만, 뒤를 돌아보는 글렌을 볼 수 있었다. 아쉬웠지만 그냥 마음에 묻어둔 채 내 방으로 올라왔다.

모두 떠나고 유스호스텔 내 방 침대에 혼자 누워 있다. 유스호스텔 안에 있는 휴게소에서 기타 치는 소리, 그 기타 반주에 맞춰 노래 부르는 소리가 창문을 타고 흘러들어온다. 침대에 누워 있는데 마치 바이

킹이라도 탄 것처럼 심장이 뛴다. 짧은 시간 동안 그들은 나에게 잊을 수 없는 멋진 추억을 만들어주었다. 아름다웠다고 말할까? 최고로 흥분되는 순간이었다고 할까? 멋졌고, 스릴 있었고, 아름다웠으며, 꿈같았는데, 이 모든 걸 한꺼번에 표현할 단어는 무엇일까?

나는 왜 하루를 더 머무르기로 했을까? 다음 여행지로 가기 전에 혼자 이 여행을 정리하고 싶어서였을까? 다행히도 아직은 그들의 빈자리가 느껴지지 않는다. 그들과 함께한 기억들이 여전히 내 마음을 꽉 채우고 있으니까.

참, 영어를 빠른 속도로 늘리고 싶다면 서바이벌 영어를 추천한다. 말하지 못하면 살아남을 수 없으니까 살기 위해서라도 최고의 집중력으로 듣고, 아는 모든 걸 다 동원해 끝까지 이야기해야 하니 말이다. 하와이에서는 외국인과 이야기할 때 조심, 또 조심 생각해서 했는데 여기서는 알아듣지 못하고 말하지 못하면 아무것도 함께할 수 없었다.

캠핑은 2인 1조가 되어 함께 손발을 맞춰 매일 짐을 쌌다 풀었다, 텐트를 쳤다 접었고, 또 함께 밥을 해먹고 설거지를 하고…. 캠핑장은 모든 시설이 다 갖춰진 콘도나 호텔이 아니었다. 설거지하는 곳만 해도 밥 먹은 곳에서 한참 나가야 있었고, 저녁에는 해도 금방 떨어져서 어둠을 헤치고 찾아가서 한 명이 호수로 물을 부어주면 다른 한 명이 씻는 식이었다. 화장실과 샤워실도 멀리 있어서 그곳의 위치나 사용법 등을 어떻게든 다 알아듣고 같이 다녀야 했다. 간혹 있는 자유시간에도 이후 몇 시에 어디서 모여 어디로 출발한다는 등의 중요한 일정을 알아야 했으므로 정말 열심히 듣고 말했다. 기본적인 말문은 이때 터진 듯하다. 아무리 답답해도 한국어를 할 수 있는 사람이 아무도 없었으니 혼자 힘으로 살아남아야 했으니까.

이 정도의 영어 말문이 터지기 전 나의 미숙한 영어에도 절대 웃지 않고 너무 열심히 경청해준 그들 때문에 나도 있는 힘을 다해 끝까지 노력할 수 있었다. 그들의 표정과 적극적인 반응, 진지하게 들어주는 마음이 정말 고마웠다. 아마도 그들이 내 영어가 많이 부족하다는 듯한 느낌을 조금이라도 풍겼다면 나는 아마 금방 풀이 죽었을 것이다. 혹시 어학연수를 계획하거나 여행을 계획하는 분이 있다면 이 여행을 적극 추천한다. 이 여행에 필요한 것은 딱 세 가지. 용기, 다른 문화를 가진 사람들에게로의 열린 마음, 그래도 살아남아야 하니깐 기본적인 기초영어.

7박 8일의 짧은 일정이었지만 내 안에서 또 하나의 틀이 깨졌다. 생김새와 쓰는 언어만 다를 뿐 그들도 내 친구였다. 그들이 내 친구였기에 그들의 고민을 들을 수 있었고, 나도 내 고민을 이야기할 수 있었다. 마지막 날 밤에 모두 함께 갔던 바에서 글렌은 두고온 여자친구이야기와 함께 이제 막 대학을 졸업했고 취직하기 전에 이 여행을 하고 있는 거라며, 돌아가서 취직을 잘할 수 있을지 고민이라고 했다. 우리나라나 스코틀랜드나 고민거리는 다 마찬가지인가보다.

한국에서 나고 죽~ 자랐던 내게 그들은 거의 '외계인' 에 가까운 존재였다. 물론 여러 매체를 통해서 그리고 약간의 거리를 두고 알기는 했지만 이렇게 내 바로 옆에 밀접한 관계로 있어보긴 처음이라 참으로 신기하고 재밌었다. 그들 모두가 나의 호기심의 대상이었다고 해야 할까? 뭐 특별한 일을 하지 않아도 매일매일 그들과 함께한다는 것 자체만으로도 신기하고 재밌었을 텐데, 아주 특별한 곳에서 특별한 경험들을 나누었으니, 이 7박8일 동안 정말 화성이나 금성쯤에 갔다 온 듯한 기분이었다.

'자·존·심'

말은 잘 못해도 '자존심' 은 지키자….

한국인이 나뿐이었으므로 그래야만 할 것 같은 알 수 없는 사명감! 그래서 텐트를 치거나 야영장에서 함께해야 할 일이 있을 때 내가 도움받기보다는 누군가 혼자 힘들게 하는 것처럼 보이면 먼저 가서 'Can I help you?' 라고 물었다. 물론 간혹 '이건 내 일이야…' 라며 정색을 하기도 했지만, 어쨌든 이곳에서 필요한 건 '적극성' 이었다.

U.S.A
Newyork
macy's

Cafe in Newyork

Trek America Western Wonder 여행의 엄청난 흥분과 새로운 설렘을 가득 안고 뉴욕으로 향했다. 뉴욕은 어떤 곳일까? 내가 꿈꾸며 환상을 품었던 그대로일까?

JFK 공항에 고모와 고모부가 마중 나오시기로 하셨다. 사실 고모댁은 미국으로 이민을 가셔서 중학교 때 할머니 돌아가셨을 때 뵙고는 처음 뵙는 거라 약간 긴장된다. 게다가 오랜만에 뵙는 건데 매우 다이내믹한 여행을 마친 터라 내 행색은 꾀죄죄하기 그지없다. 에고, 원래 이렇지는 않은데….

아, 고모·고모부! 오랜만에 뵙는 건데도 단번에 알아볼 수 있었다. 그대로셨다. 그런데 고모가 날 알아보지 못할 뻔하셨단다. 너무 어릴 때만 보셔서 그러셨을 거다. 덕분에 뉴욕에서도 거처할 곳이 생겼다.

고모가 사시는 동네는 바빌론Babylon이라고 롱아일랜드에 있다. 미국 영화나 드라마에서 보면 나무가 많은 조용한 거리에 담이 없고 작은 잔디밭이 있는 마당을 지나면 나오는 2층집, 딱 그렇게 생겼다.

고모는 내가 있는 동안 머물 곳이라며 방문을 열어 보이셨다. 연노란 벽지, 퀸 사이즈 침대, 공부할 수 있는 책상과 옷장까지. 물론 이전에 고모가 쓰시던 방이지만 지금은 날 위해 내어주신 것이다. 거의 석 달 동안 독방은커녕 돌아다니며 살다가 이렇게 일상적인 삶의 공간에서 나만의 방을 가지고 살려니 오히려 낯설기까지 하다.

Trek America Western Wonder 여행의 여독이 아직 풀리지 않아서일까? 이곳도 사실 내 여행지인데 여행에서 돌아와 잠시 쉬고 있는 느낌이다. 어쨌든 일주일 정도는 먹고자고 그냥 좀 쉬어야겠다.

고모댁에서 대략 한 달 정도를 머물렀다. 처음 생각했던 것보다 좀 오래 머물러 고모 내외분께 약간 죄송스럽다. 고모댁에 있으면서 맨해튼 엠파이어스테이트빌딩에 있는 어학연수학원에 등록해서 롱아일랜드 바빌론 역에서 맨해튼 펜실베이니아 역까지 매일 기차를 타고 다녀야 했는데 기차역까지 가는 대중교통기관이 택시밖에 없었다. 그래서 매일 고모가 기차역까지 나를 데려다주시고 데려오셨다.

고모댁에 머무는 동안 내게 넘치도록 많이 애써주시고 돌봐주셔서 감사하다. 그리고 고모댁 바로 옆집에는 고모 딸 그러니까 고종사촌인 태연 언니가 살았는데, 언니 역시 항상 옆에서 많이 신경써주고 좋은 이야기도 많이 해주셨다. 아, 언니가 있다는 건 이런 거구나, 나도 언니가 있으면 참 좋겠다, 생각해본다.

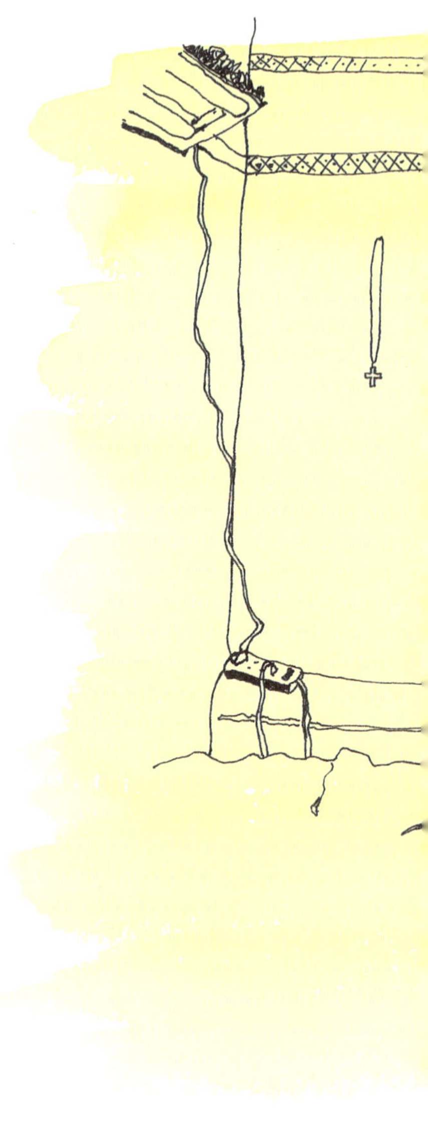

롱아일랜드의 내방

고모댁에 머물다 학원과도 가깝고 또 독립해서 혼자 살아보고 싶기도 해서 맨해튼으로 이사했다. 23st & 2nd ave. 맨해튼은 거리마다 분위기가 아주 다른데 이곳은 안전하고 좋은 동네다. 동은이와 효정이가 짐 옮기는 것과 정리하는 걸 도와줘 생각보다 쉽게 끝났다.

거리로 나섰는데 '우리 동네' 앞에 장이 선 것이 아닌가. 마침 착한 가격에 예쁜 하얀 이불과 베개를 팔아서 하나 장만했다. 피클 파는 데서 시식도 했다. 집 바로 앞에 SVA가 있어서 더 관심이 생긴다. 이곳으로 유학 오는 건 어떨까, 생각해본다. 가까운 거리에 현재 뉴욕에서 내가 알고 있는 사람 중 가장 좋아하는 친구들이 살고 있어서 든든하고 왠지 재미있는 일이 벌어질 것 같은 느낌이다.

처음으로 혼자 나와 살아보는 거지만 맨해튼이라는 곳에 대한 약간의 환상과 과연 이곳의 매력이 무엇인지 알아보고 싶은 호기심으로 나의 설렘은 또다시 시작되었다.

순간순간 가라앉는 나를 언제든
다시 설레게 만들고,
새로운 활기를 넣어주고,
세상 거의 모든 사람의 모습을 만날 수
있고, 밝게 웃어주고 말 걸어주는,
내가 살아있음을 온몸으로
느끼게 해주는 이 도시.
처음의 약간의 실망을 뒤로하고
점점 뉴욕과 사랑에 빠지고 있다.

내 새로운 방

진정한 원룸시스템이었다. 침대, 그 앞에 책상, 옆엔 냉장고, 그 위엔 전자레인지, 그리고 작고 귀여운 밥통까지!

내 방에 이런 전기밥통까지 놓고 살아보긴 처음이다. 물론 부엌이 따로 있지만, 룸메이트가 있을 때는 부엌을 쓰지 않기로 했다. 룸메이트가 거실을 방 겸 작업실로 써야 해서 내가 부엌에 가려면 룸메이트의 방을 넘어다녀야 하는 구조였기 때문이다. 우리는 서로 친분이 있던 사이가 아니니 더 조심해야 했다. 내 방에는 전자레인지와 작은 냉장고까지 있었고, 룸메이트도 늦게 들어오는 편이라 크게 불편한 점은 없었다.

이렇게 혼자 나와 살아보는 것 자체가 내게는 새로운 경험이었기 때문에 약간의 불편까지도 재미있었다. 작아도 아늑한 맨해튼의 '내 방' 이었다.

방에 있던 밥통으로 밥도 해먹고, 라면도 끓여먹고, 심지어 숭늉도 만들어먹었다. 밥 먹을 때 국물을 찾는 편인데, 국을 끓이기는 좀 힘들어서 주로 라면국물을 '국' 삼아 밥과 함께 먹곤 했다. 살짝 불쌍하긴 하지만, 내 방에서 먹는 라면국물·밥·스팸·계란·하이라이스는 너무 맛있었다.

또 룸메이트가 주고간 내 방의 작은 텔레비전으로 〈Sex and the city〉를 즐기면서 먹는 맛이라니! 물론 뉴스도 봤다. 그런데 뉴스에서 가끔 브롱스 지역에서 총기살인 사건이 있었다는 등의 소식을 접하면 작은 방에서 혼자 오돌오돌 겁에 질리기도 했다. 마룻바닥 재질의 방에 침대 매트리스만 놓았어도 하얀 침대보와 이불, 배게 그리고 노란 조명과 방문 대신 드르륵 여는 나무문에 알록달록한 커튼으로 가려놓은 내 방은 예쁘고 아담하고 아늑하기만 한 뉴욕, 그것도 맨해튼에서의 나만의 공간이었다.

모든 게 좋았는데, 큰 실수가 하나 있었다. 그것은 룸메이트가 스모커인 것을 모르고 들어간 것. 예쁘게 생기고 성격도 털털하고 좋은 친구지만 담배를 피우지 않는 내게 룸메이트의 흡연 너무 가혹했다. 내

방과 거실이 분리되어 있다고는 했지만 벽이 천장 끝까지 닿지 않고 천장과 벽 사이에 대략 50~70cm정도의 공간이 비어 있고, 이것을 가벽으로 막았지만 그 틈을 타고 담배연기가 들어왔다. 때문에 환기시키느라 늘 엄청난 노력을 기울였고 룸메이트가 오지 않는 날이면 추운 겨울에도 언제나 거실과 부엌의 창문을 활짝 열어놓았다. 내 방에는 창문조차 없었으니까.

아~그러나 맨해튼인데 어쩌겠는가. 딱 두 달 정도만 머물렀고, 또 마지막 보름은 룸메이트가 한국으로 돌아가서 나 혼자 쓸 수 있어서 그나마 다행이었다.

멋있고 분위기 있고 웅장하고…. 멋진 애인과 기차 타고 어디론가 가야 할 것 같은 곳. 혹은 어딘가로 가지 않더라도 멋진 시계탑 앞에서 누군가를 기다리기라도 하면 마치 영화 속 주인공이 되는 것 같은 느낌을 주는 곳. 그곳이 그렇게 많은 영화에 등장하는 이유를 충분히 이해하겠다. 하긴 뉴욕을 배경으로 한 영화나 드라마가 워낙 많아서 어딜 가나 영화나 미국 드라마에서 보았던 곳이라 낯익음을 넘어 친근함까지 느끼기

도 한다. 나중에 아버지께서 하시는 말씀이, 한국에서 가끔 뉴욕이 배경인 드라마를 보실 때면 '아, 지금 주연이가 저기 있겠구나' 라고 생각하시곤 했단다.

천장의 그림과 반짝이는 별자리 조명이 너무 예쁘다. 그리고 미국의 경제력·정교함·화려함을 다시금 실감한다. 예술+기술+자본. 뉴욕의 많은 부분에서 이 강력한 결합을 느낀다.

센트럴 파크에서의 휴식

Central Park

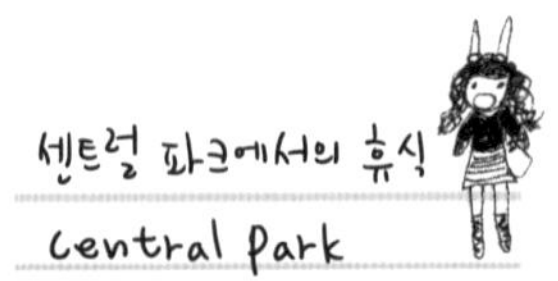

배낭에는 책 한 권, 집에서 싸온 샌드위치 하나,

그리고 물 한 병.

학원 끝나고 센트럴파크 잔디밭에 앉아 책도 읽고,

뉴욕 빌딩들도 구경하다가

배낭을 배게 삼아 하늘 보며 잠시 낮잠 자보기.

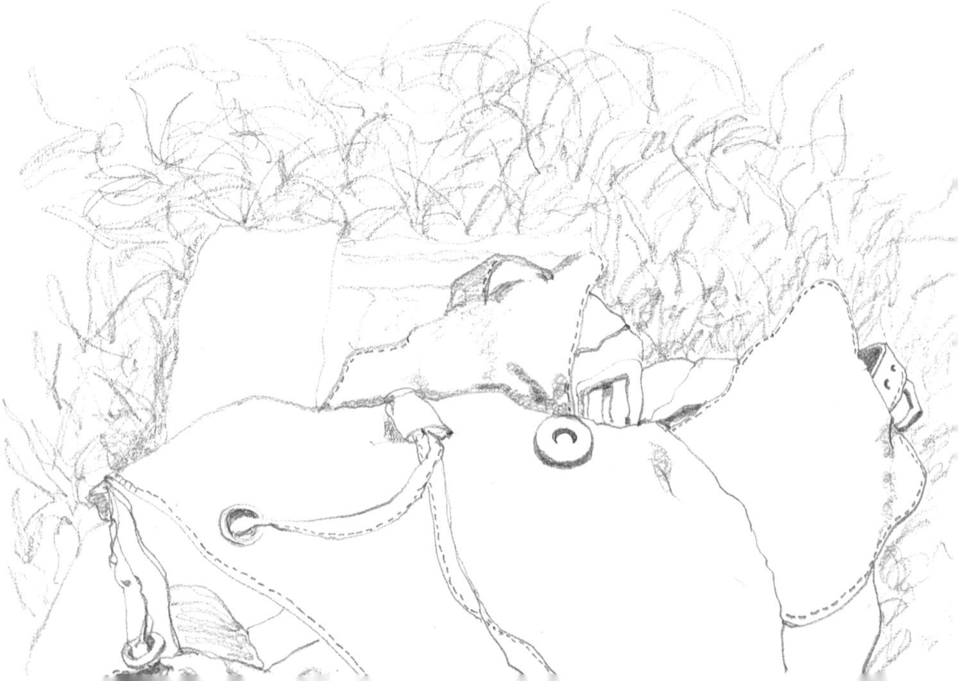

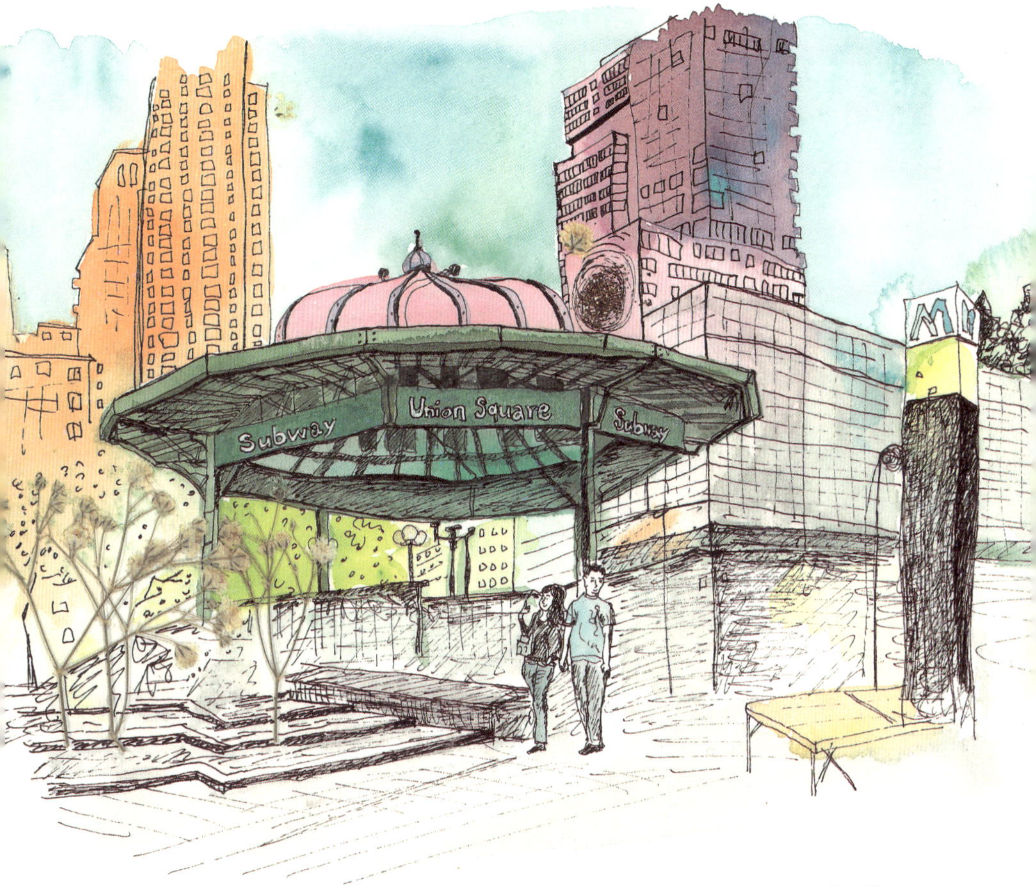

맨해튼으로 이사 오고 자주 가던 곳, 유니온 스퀘어.

그 앞의 조금은 시끄럽지만 맛있던 타이 레스토랑, 그리고 내가 정말 좋아하던 신기하고 맛있는 초콜릿 가게.

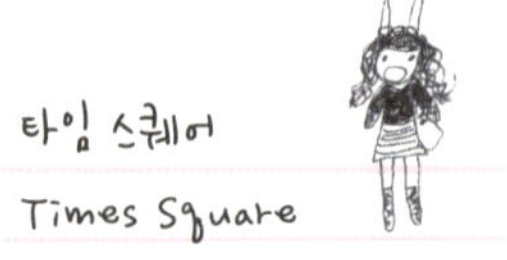

타임 스퀘어로 영화 보러 가던 어느 날.

이곳에서 봤던 뮤지컬 <미녀와 야수>만큼이나

이곳에서 본 영화 <해피핏>도 재미있었다.

무엇보다도,

내가 영화 보러 가는 곳이 타임 스퀘어라는 것이 참 설레었던 날.

ERNST & YOUNG

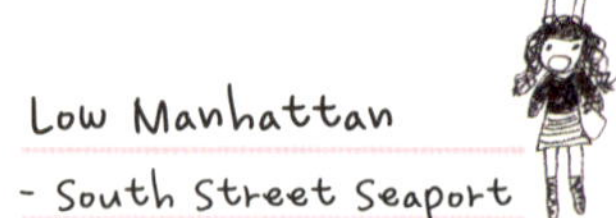

미드타운에서 전철을 타고 한 20분 정도만 가면 이렇게 다른 풍경이 펼쳐진다는 게 지금 생각해도 신기할 따름이다. 재미있게도 물위의 노란 배에 'New York Water Taxi' 라고 쓰여 있다. 저것 역시 뉴욕의 명물 'Yellow Cap Taxi' 였던 거다.

NEW YORK WATER TAXI

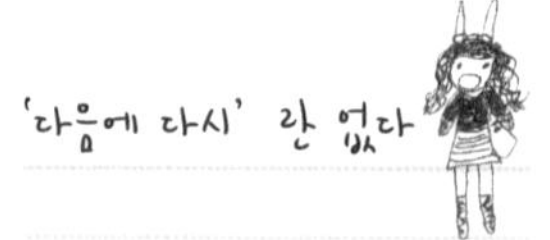

Low Manhattan. 처음 와봤다. South Street Seaport 가는 길의 크리스마스트리. 어디에나 이렇게 크고 아름다운 크리스마스트리가 있다. South Street Seaport. 전부터 너무너무 와보고 싶었는데 이제야 와본다. 그러나 시간이 없어서 잠깐밖에 머물 수가 없었다. 다음에 꼭 다시 와봐야지.

그러나 결국 끝내 다시 가보지 못했다. 정말로 원하는 것이라면, 지금 당장 바로 이곳에서 찾고, 해야 한다. '다음에, 언제가…'라는 기회는 다시 오지 않는다. 우리는 살면서 얼마나 많은 소중한 것들을 그렇게 다음으로 미루고 영영 놓쳐버리게 되는지. 나는 오늘 하루를, 지금의 만남을, 지금의 바람을, 힘주어 두 손으로 꼭 쥐어본다.

Christmas Tree in Low Manhattan

6AVE에 있는 빌딩

Brooklyn Bridge

브루클린 브릿지 앞에서
사진을 찍고 있는 나.
마음으로 그리다보니
너무 어리게 그린 듯….

집에 가는

길목에 있어

항상 마주치던 빌딩.

시시각각 변하는 건물의

조명이 너무 아름답다.

돌아서지 마세요.
가고자 했던 길이 있다면 계속 가세요.
두렵고 무서워서 그만두고 싶더라도,
그렇더라도 포기하지 마세요.

지금은 모든 게 깜깜해 보이고, 멀리서 작게 반짝이는
희미한 불빛마저 정말 날 위한 것인지 확신할 수
없을지라도 진정 당신의 마음이 그곳으로 향한다면,
아주 작은 믿음이라도 있다면, 정말 원하는 길이라면,
누가 뭐라 해도 계속 가세요.
그 작은 불빛이 언젠가 환하게
당신을 비춰줄 날이 올 거예요.
지금은 아직 너무 희미하고 어두워서, 잘 모르겠지만,
잘 보이지도 않지만 조금만 더 가면 돼요.

NO TURNS
EXCEPT BUSES

정말 무서웠다. 맨해튼 집 가까이 사는 일본인 친구 켄야와 만나기로 한 시간은 저녁 8시. 그러나 모든 길이 다 통제되는 바람에 9시 20분에나 만날 수 있었다. 마치 2002 월드컵 때의 시청 앞 광장이나 광화문 같았다.

광란의 밤, 마치 모두가 정신을 놓고 미친 듯 활보하는 밤. 하지만 다른 한편, 누구도 의식하지 않고 방식에도 구애받지 않고 원하는 만큼 한껏 오버하며, 그동안의 스트레스를 충분히 방출할 만큼의 외모로 스스로를 꾸미고 시내를 점령할 수 있는, 완전히 풀어진 시간. 세계적으로도 삶의 밀도가 높은 뉴욕에 사는 그들에게 이날은 마음껏 일탈하고 마음껏 폭발하는, 그래서 그간의 고단함과 숨막힘을 털어낼 수 있는 날이 아닐까?

나도 친구랑 코스튬 파는 곳에 들어가 보았다. 재밌는 것들도 많았지만 내가 입기에는 아직 부담스러워 모자 하나만 사서 썼다.

Halloween People

macy's
비오는 추수감사절

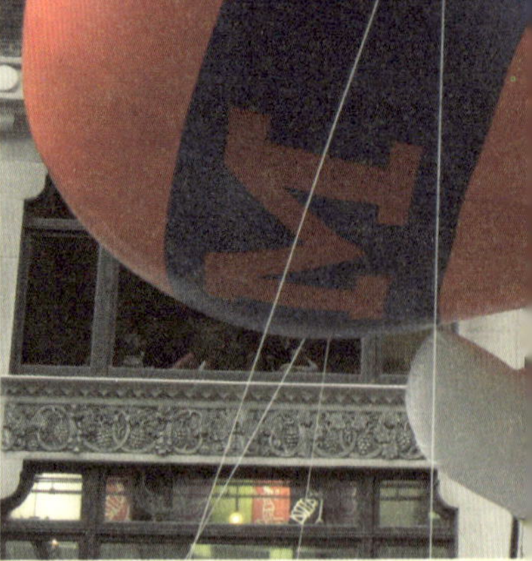

Thanksgiving Day

매해 추수감사절마다 MACY' S 주최로 열리는 거리 퍼레이드

존 레논이 사망한 날, 그를 기념하기 위해 Strawberry Fields에 많은 사람이 모였다. 엄청 추운 날이었지만 나도 가보았다. Strawberry Fields는 오노요코가 그의 남편 존 레논을 기념하기 위해 센트럴파크 한 모퉁이에 존 레논이 작곡한 노래 제목을 따 이름 지은 곳이다.

까페 디스플레이

스트로베리 치즈케이크

존 레논이 살아있을 때 자주 갔다던 카페도 들려보았다. 메뉴판의 '웨스트사이드에서 가장 오래된 카페라는 말' 과 어둑어둑한 실내의 오래된 장식이 그 역사를 말해주는 듯했다. 그렇게 나이 많은 카페에서 먹는 너무도 부드럽고 달콤한 스트로베리 치즈케이크. 따스한 차와 맛있는 케이크 한 조각, 그리고 이 카페만의 아늑한 실내풍경은 좀 전의 추위를 녹이고도 남았다.

아기자기하고 예쁜

크리스마스 때의 세렌디피티 카페

serendipity 3

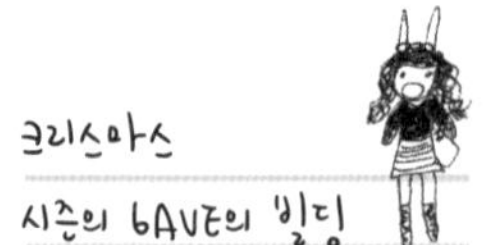

맨해튼으로 이사 오면서 만난 빌딩. 귀가길마다 마주치는 이 빌딩의 조명은 항상 날 설레게 한다. 낯설면서도 따뜻하고 아름다운 이 불빛은, 여행객인 내가 잠시나마 맨해튼에 살고 있다는 것을 실감나게 해주었다. 그리고 그 빌딩 옆 마트에 들러 장을 보고 귀가할 때면 마치 맨해튼이 내 동네가 된 것 같아 괜히 기분이 좋아졌다.

Christmas with
6AVE building

소호거리의 한 꽃가게. 안은 슈퍼마켓인데 이렇게 꽃도 판다. 한국인이 하는 가게라 갑자기 더 마음이 간다.

내가 한국 떠나기 전에 본 책 중에 〈아이러브뉴욕-신원이의 1년 뉴욕체험기〉에서 본 사진과 꼭 같은 장면과 딱 마주쳤다! 마치 뉴욕 한복판에서 예상하지 못한 아는 얼굴을 만난 듯 너무 반가웠다. 책에서 봤을 때도 참 재미있다고 생각한 작품이었다.

콘셉트 자체는 흔할 수 있지만 이 작품이 놓인 자리가 작품과 정말 잘 어울려서 특히 돋보였다. 너무도 반가운 마음에 작품 앞에 있는 제작자처럼 보이는 아저씨에게 다가가 이 작품을 만든 분이냐고 물었더니, 친구와 함께 만드셨단다. 마침 책을 가지고 있어서 보여드렸더니, 생각지도 못한 일과 의외의 인연을 즐거워하고 재미있어 하는 모습에 나도 기분이 좋아졌다. 한국인 친구가 있어서 내년 1월에 한국을

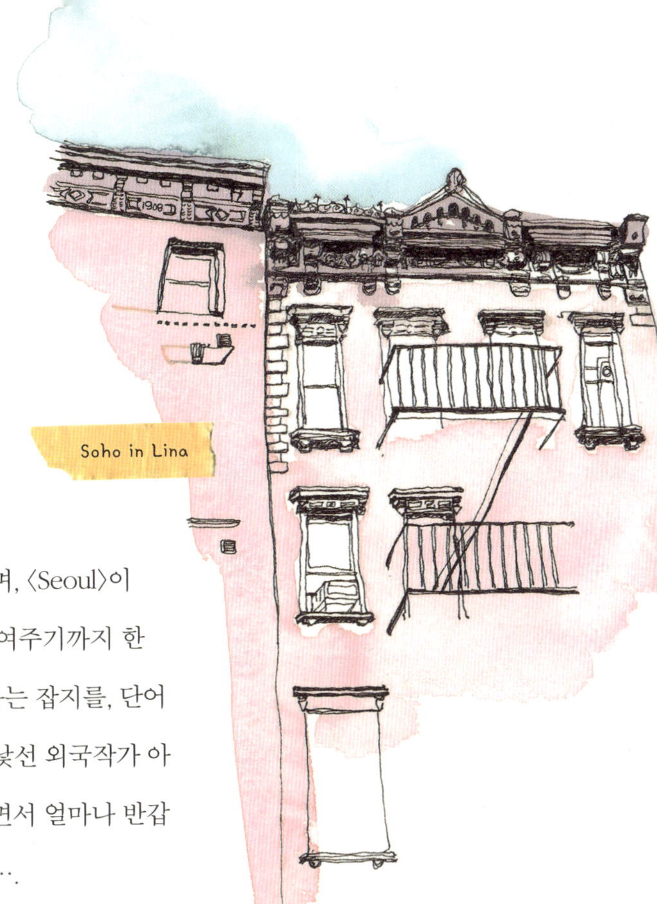

방문할 거라며, 〈Seoul〉이라는 잡지를 보여주기까지 한다. 〈Seoul〉이라는 잡지를, 단어를, 뉴욕 소호, 낯선 외국작가 아저씨에게 들으면서 얼마나 반갑고 신기하던지….

갑자기 '영 레이디' 라며 같이 사진을 찍자고 하셔서 한 컷, 찍었다. 그냥 작품만 보고 끝나지 않고 아저씨에게 말을 걸어보길 잘했다. 덕분에 이렇게 재미난 에피소드가 만들어졌으니 말이다.

추적추적 내리는 비, 쓸쓸함이 느껴지던 크리스마스 즈음의 어느 날.
이 세상 모든 게 불확실해 보이는 순간…
절 위해 예쁘고 환하게 불 밝혀주셨던 당신.
사랑합니다.
그리고 고마웠습니다. 존경합니다.
그리고 죄송합니다.

저녁을 먹고 있는데 한국에 계신 아빠께서 전화를 주셨다. 소식인즉슨, 외할아버지께서 돌아가셨다고. 아무 말도 할 수 없었다. 더 슬픈 건, 내가 할 수 있는 일이 아무것도 없다는 것. 가기 싫어서가 아니라 갈 수가 없다는 사실이 너무 슬펐다. 이 여행의 모든 게 다 좋았지만 한국에 있는 사랑하는 내 가족이 아플 때, 힘들 때 함께 있어줄 수 없는, 혼자 울 수밖에 없는 안타까운 현실 앞에서 내 마음은 그렇게 울고 있었다….

눈 결정체 모양의
예쁘고 크고 화려한 거리장식

크리스마스 시즌의 콜럼버스 서클. 한 블록만 지나도 또 다른, 전혀 다른 세상. 진정 뉴욕은 온 세상의 모든 것을 다 맛볼 수 있고 무얼 해도 될 것 같은 자유로운 분위기다. 그렇게 수없이 다양한 빛을 발하는 뉴욕. 다른, 너무 달라 극과 극처럼 느껴질 정도의 것들을 한꺼번에 만날 수 있는 도시는 오로지 뉴욕뿐이다.

가장 화려하고 가장 높은 것부터 가장 추레하고 지저분한 것까지, 가장 분주하고 가장 빠르게 돌아가는 것부터 가장 여유롭고 가장 느리게 돌아가는 것처럼 보이는 것까지. 누구에게나 모든 기회를 줄 것처럼 보이지만, 하지만 그 모든 선택은 오로지 나의 몫.

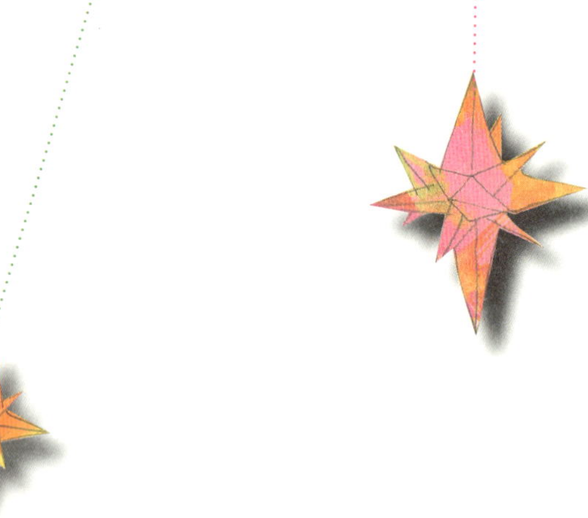

J.CREW

Rockefeller Center

크리스마스 때가 되면 항상 이곳 록펠러센터에 거대한 크리스마스트리 장식을 한다고 한다. 너무 아름다운 크리스마스 장식들.

언제나 분주히 많은 인파로 붐비는 뉴욕의 관광명소. 친구와 이곳에서 스케이트를 타보았다. 갑작스러운 결정이라 부랴부랴 근처 마트에서 두꺼운 양말을 사 신고 작지만 너무 예쁜 이곳 스케이트장에서 스케이트를 즐겼다.

아직 할아버지 일로 마음이 아픈 나를 위해 친구가 갑자기 제안한 것이었다.

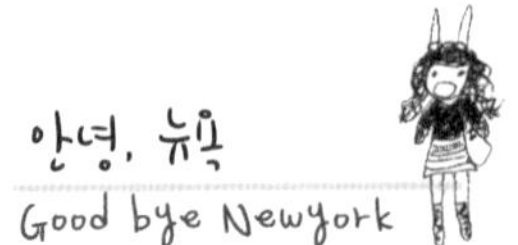

또 떠날 시간이 오고 있다. 떠날 시간이다. 스스로에게 물어본다. 내가 정에 약한 사람이었나? 원래부터 이렇게 사람을 빨리 깊이 사귀었었나? 이 사람들과 또 헤어져야 한다. 아마 가족도, 오래 가까이 지내던 친구도 없는 곳에서 만난 사람들이라, 그리고 지금 내겐 이들이 전부인지라 그래서 더 소중하게 느껴졌을 것이리라. 이유야 어쨌든 다시 헤어진다는 건 여전히 좋지 않다. 물론 내가 유럽에 가보고 싶어서 내린 선택이지만, 이제 정도 좀 들고 맨해튼도 좀 알 것 같은데 또 떠난다니 싱숭생숭하다. 하루하루 남은 날을 새어본다. 이제 일주일 남았네, 이제 5일, 이제 3일, 내일… 떠나는구나…, 밤새 짐을 꾸리며 생각에 잠긴다. 잠깐 잠이 들고 어김없이 아침이 왔다. 오늘은, 비행기를 타고 스위스로 간다….

이 인연들을 이제 다시는 못 보는 건가? 혹 한국에서 다시 만날 수 있지 않을까? 아니, 내가 다시 뉴욕에 가면 볼 수 있겠지?

그립겠지? 그리울 거야. 그렇지만 아마 또 스위스에 가면 너무 좋아서 아무것도 아무도 생각나지 않을지도 모르지. 그래 모르는 거야. 떠나보자! 마음을 다잡아본다.

공항에 마중 나온 혜영이, 학성 오빠, 켄야. 정말 고맙다. 함께 나오진 못했지만 공항으로 전화 준 친구들 역시 고맙다. 아침에 짐 싸는 거 도와준다며 오전수업만 하고 와준 학원친구들 역시 너무 고맙고 소중하다. 한국 인천공항에서처럼 유리문을 통과하니 눈물이 난다. 4개월이었는데 한국에서 4개월이면 그리 길지 않은 시간인데…. 4개월 동안 많은 일이 있었고 정말 재미있었고 잊지 못할 많은 사연들 만들 수 있었다. 내 여행, 정말 버라이어티하다…!

센트럴파크 스케이트장

Europe
Lausanne Swiss
ZONE

Lausanne - Swiss night

제네바에 도착해 로잔까지 기차를 타고 왔다. 베이스에서 마중 나온 분들과 만났다. 미국인 여자 한 명과 남자 한 명, 그리고 브라질 남자 한 명. 그날 나 말고 다른 나라에서 온 사람들도 있었는데 그 친구들은 캐나다 사람들이었다. 국적 참 다양하다.

간단히 공항에서 마주친 이들의 구성만 봐도 알겠지만, YWAM 생활에서 가장 좋은 점은 여러 나라, 사람들과 다양한 삶을 살고 있는 사람들을 만날 수 있다는 것이다.

그렇게 로잔 베이스에 도착했다. 조용하고 아늑해 평화로움을 느끼게 하는 곳이다. 뉴욕에서 바로 로잔이라…. 세상에서 제일 요란스럽게 들썩이는 도시에서 제일 조용하고 차분한 곳으로 왔다고 한다면 지나친 과장일까? 스위스의 봄·여름·가을을 두고 겨울에 왔다는 것이 약간 아쉽지만, 그래 이번에는 스위스에서 사는 거다, 스위스에서….

Hello~ Lausanne

로잔 시내
스타벅스
STARBUCKS COFFEE
iN STARBUCKS

로잔 시내다. 아름답지만 부담스럽지 않은 건물과 거리. 그림처럼 사진처럼 마음속에 하나씩 새기고 싶은 곳이다. 길을 걷고 있는데 교회에서 종소리가 울렸다. 평화롭다. 마치 따뜻한 영화의 한 장면처럼.

스타벅스다. 지난번에 여럿이 와서 커피 마시고 사진 찍고 놀았는데, 오늘은 나 혼자다. 밖으로 고풍스런 교회건물과 또 서로 조화를 이루고 있는 주변 풍경, 그 안을 지나치는 멋스러운 사람들. 벨벳 보라색 겉옷이 근사하게 어울리는 남자, 아기와 함께 나온 다정하면서도 세련된 부부…. 삶이 여유 있어서일까? 이곳은 평범한 이들마저 흔히 말해 '고품격' 처럼 보인다. 물론 겉만 보고 판단할 수는 없지만 그냥 그런 느낌이다. 이건 비단 돈의 문제만은 아니다. 그들의 삶의 여유가 그들 표정에 묻어나기 때문이다.

스타벅스 안에서 카페모카 한잔과 따뜻한 크루아상을 먹으며 그림 같다고 표현해도 전혀 손색없을 풍경과 사람들을 보고 있자니, 불현듯 그림에 대한 생각이 더 간절해진다. 한국에 돌아가기 전에 꼭 할 일이다.

삶은, 내가 어떻게 꿈꾸느냐에 따라서 많이 달라질 수 있다고 생각한다.

모든 이가 현실은 이상과 다르다고 말하지만, 너무나 막연하기만 했던 내 안의 꿈들이 현실이 되어가고 있고, 때로는 그것이 이미 내 삶이 되어 있는 것을 발견하는 감사하고도 기쁜 순간을 맛본다. 내 삶 자체를 그렇게 꿈꾸는 삶으로 만들고 싶다. 아직 막연한 것이 많다. 그러나 가닥이 보이지 않는 그 실타래를 하나씩 믿음 안에서 풀어가기를 바라고, 그 안에 사랑하는 사람과 함께하는 삶을 넣고 싶다. 그리고 새로운 인연과 이루어갈 가정을 넣고 싶고, 다른 이들, 특히 여유를 찾기 어려운 사람들을 향한 실제적인 도움 또한 넣고 싶다.

로잔 시내의 벼룩시장

SWISS NIGHT

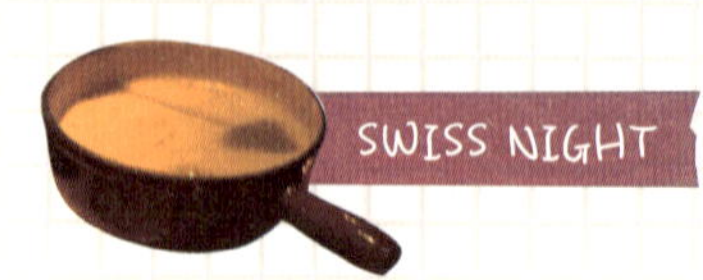

스위스의 문화를 배우고 체험하는 'SWISS NIGHT' 시간.

모두 빨간 옷을 입고 오라고 하셨다.

그리고 스위스의 퐁듀를 스위스에서 처음 맛보던 시간이었다.

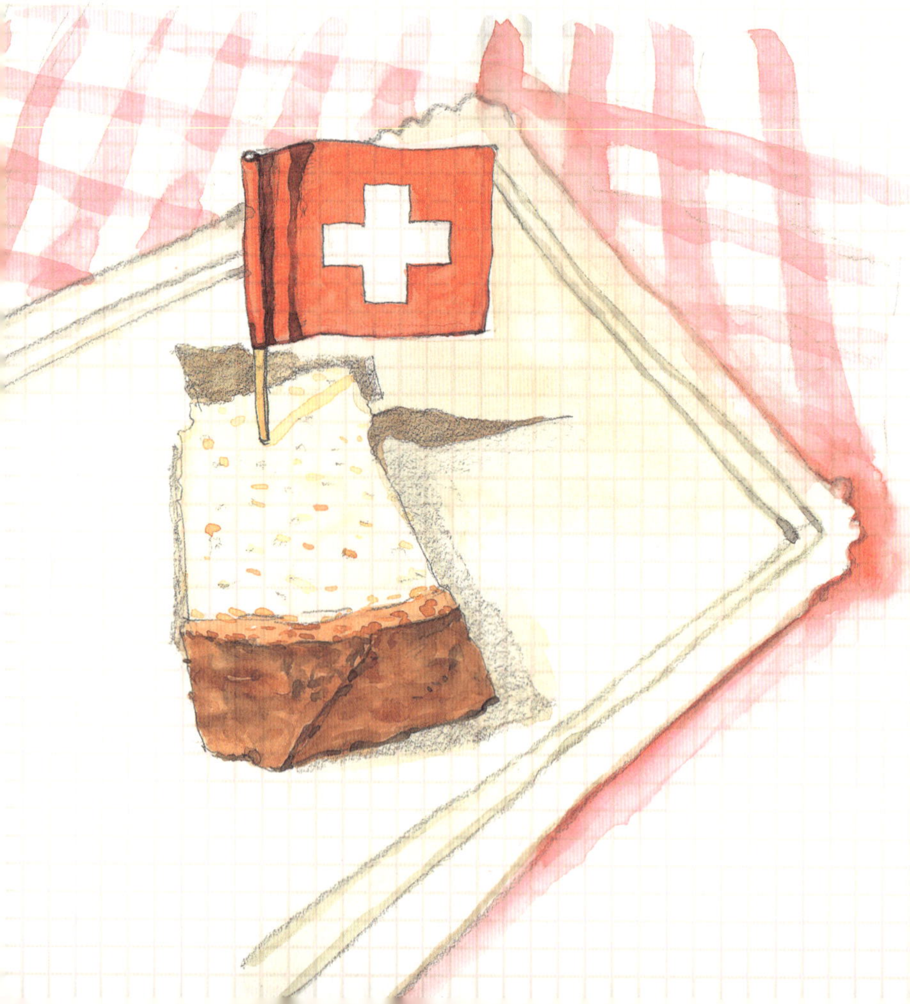

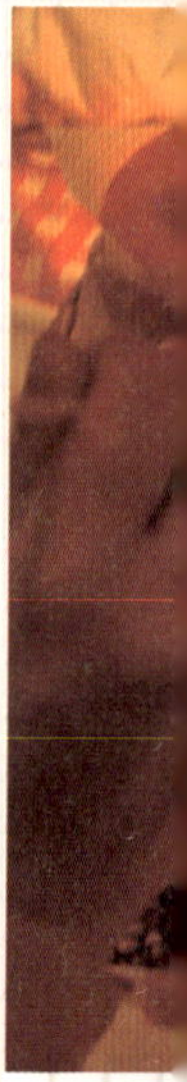

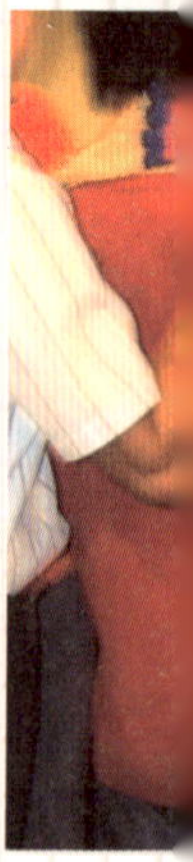

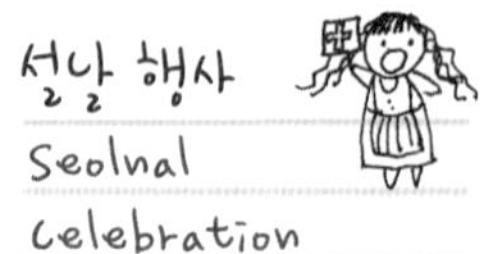

스위스의 설날 행사. 베이스에 한국인이 워낙 많아서 가능했던 일이다. 이날 베이스 사람들이 준비한 '외국인이 추는 부채춤' 을 보다가 너무 웃겨 뒤로 넘어갈 뻔했다. 부채춤을 출 수 있는 자격은 '한국인 와이프나 여자 친구를 둔 외국 남자' 였다. 이것이 부채춤을 재미있게 만들어준 포인트였다.

키도 덩치도 커다란 노란머리 외국 남자들이 한국 여인처럼 한복치마를 입고 얼굴에는 연지곤지를 바르고, 머리에는 족두리를 썼다. 부채춤을 잘 추시는 한국 여자 분의 리드에 맞춰서 덩실덩실 잘도 추었다. 얼굴에는 함박웃음을 짓고서….

이어서 제기차기, 닭싸움, 우리나라 옛 물건을 보고서 그것이 무엇에 쓰이던 물건인지 알아맞히는 게임 등이 이어졌다. 닭싸움, 제기차기에 열중하는 그들, 우리나라 옛 물건의 용도를 맞히지 못해 쩔쩔매던 그들이 재미있었다. 하긴, 그들이 '죽부인' 이나 '요강' 같은 물건이 무엇에 쓰는 물건인지 어떻게 알겠는가.

이날 저녁은 특별히 떡국과 만두 등 한국음식을 준비했다. 스위스에서 맞는 새해라 가족과 떨어져 아쉬웠지만, 지금까지 한국에서 맞았던 새해보다도 한국인임을 마음에 새긴 하루였다.

설날 행사

눈 오는 날
베이스 마당에서
오랜만에 눈사람도 만들고,

아무도 걷지 않은 흰 눈밭을
성큼성큼 걸으며 사진도 찍고.

유리창 안에 디스플레이 되어 있는

나무장식 인형마저 스위스답다.

귀엽고,

예쁘고,

자연스럽고,

자연친화적이다.

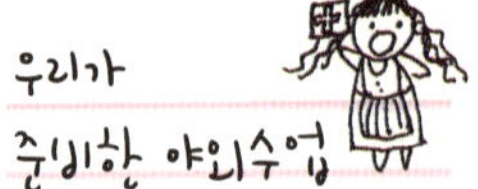

베이스의 눈이 다 녹고 온통 초록색 잔디밭이다. 오늘은 우리가 준비한 수업을 진행했다. 우리는 수업의 일부로 그동안 스위스에 머물면서 감사했던 일, 앞으로의 소망과 바람을 종이에 적고, 그 종이로 비행기를 접어 하늘로 날리는 퍼포먼스를 기획했다. 나도 내 마음과 소망과 바람을 적어 힘껏 날렸다.

저 꿈이 언젠가 현실이 되어 내게 돌아올 수 있겠지?

Thank you,
my father!
Expectation
I'd like to study abroad.
If it is possible, I would like to
publish my drawing book in the future.
Thank you, my father!
enjoy everything with you
witzerland.

BERN 시내 구경

걸어서
하늘까지 룰루랄라~
어느 날 하늘나라 닿았을 때
내 인생이 너무 재미있었다고
감동적이었다고 하나님께
진심으로 감사할 수 있게,
그렇게 오늘하루도
즐겁고 행복하게….

너무 편안해서 의자 위에 엎드려서
샌드위치를 먹으며 전혀 눈치볼 필요없는
무한 자유를 만끽했다.
그런데 이런 편안함 중에 왜 갑자기
뉴욕에서의 시간이 그리워지는 거야?

눈이 많이 왔던 날

Snow Snow

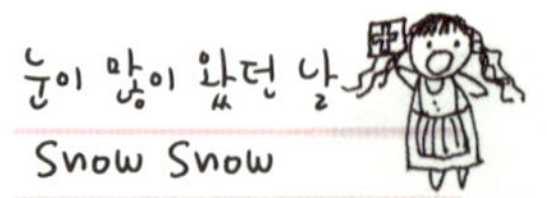

가도 가도 사람은 보이지 않고 작은 통나무 집 하나.

온통 하얗던 어느 날.

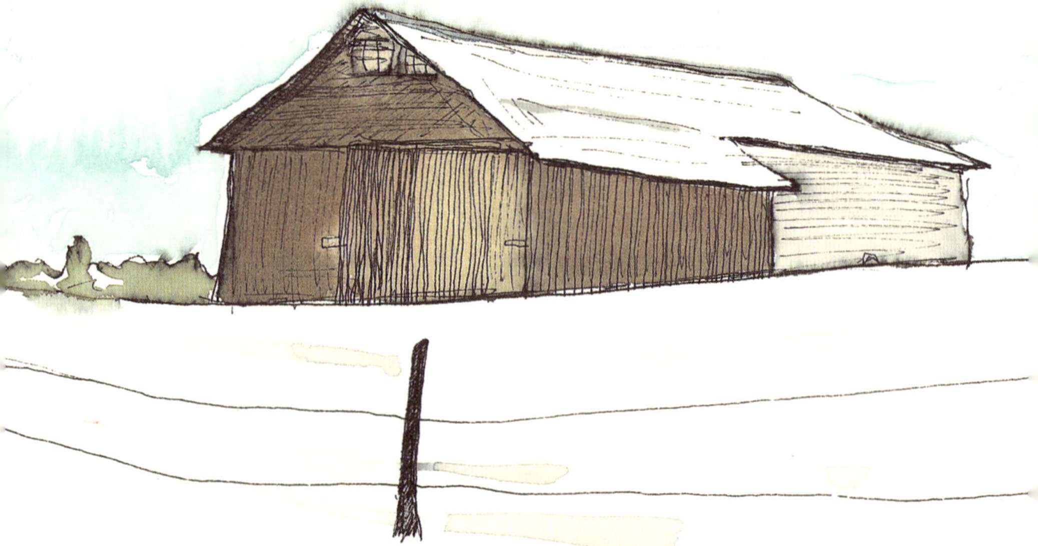

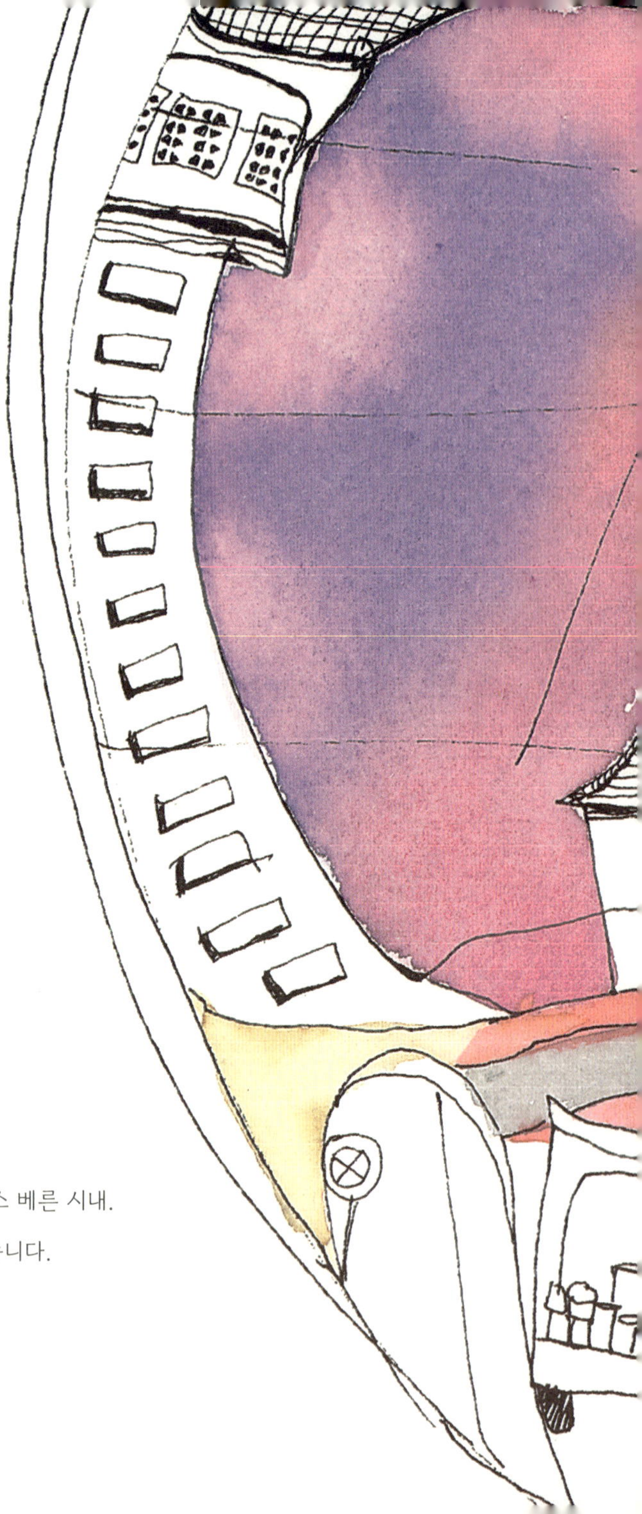

내 렌즈를 통해서 본 스위스 베른 시내.

하나님의 은혜가 나를 덮습니다.

3 Weissenbühl

Europe
Paris France
ENYA
6€ £11
CITY LIGHTS BOOKS
HAKESPE

Seine River in Paris

센 강
Seine River

파리에서 가장 사랑하는 곳을 고르라면 나는 당연히 '센 강'이라고 할 것이다. 길에서 파는 작은 소품도 하나하나 다 예술품이고, 자판대마저도 장식품 같다. 인위적으로 꾸미지 않은 듯 멋스럽고 그 자체로 예술적인 곳. 이런 곳이 있다는 것이 그저 신기할 뿐이다.

이 길을 매일 매일 많이도 걸었다. 정말 신기하게도 파리에서는 혼자라고 해서 딱히 외롭거나 심심하지 않았다. 아마도 내 영혼 어딘가와 파리가 닿아 있었나보다. 평안한 마음으로 여유롭게 생각할 수 있는 행복한 공간이었다.

Eiffel Tower

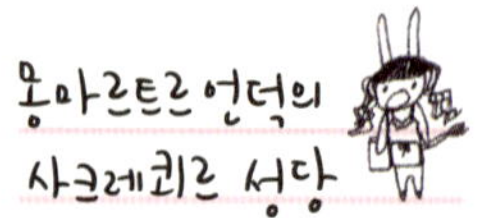

빨리 꽃이 만발한 파리를 보고 싶은데 아직도 날씨가 쌀쌀하다. 내게 파리의 관광 상품인 팔찌를 팔려는 흑인 아저씨들을 피하며, 몽마르트르 주변을 걸어본다. 선망의 이름, 몽마르트르. 어릴 적 책이나 만화책에서나 만났던 이름. 단순히 그 이름만으로도 많은 것을 이야기해주었던 몽마르트르 언덕. 예술가, 특히 화가들의 사랑을 한몸에 받은 곳, 많은 연인이 불안한 미래를 기약하며 헤어지던 그곳 몽마르트르.

그래서일까? 그 공기만으로도 가슴이 방망이질치고 얼굴이 상기된다.

몽마르트르 언덕

니키드생팔 작품

나도 언젠가 우리나라에 이런 걸 만들고 싶다.

파리에서 생활하면서 공공미술에 대한 관심이 커졌다. '예술의 도시는?' 이라고 물으면 누구나 가장 먼저 '파리' 라고 답할 것이다. 그래서 파리에는 누가 봐도 너무 굉장하고 대단해 보이는 것만 있을 줄 알았다. 그런데 이 조각품은 마치 어린아이가 만든 것처럼 가볍고 유쾌하다. 이런 작품들이 호수 곳곳에서 보는 이들에게 즐거움을 주고 있다. 나는 이 작품들처럼 어린아이가 만들고 그린 것 같은 편안함과 발랄함, 유쾌함 그리고 때로는 코믹함이 좋다. 예술이 꼭 어렵고 무거워야 하는 건 아니니까….

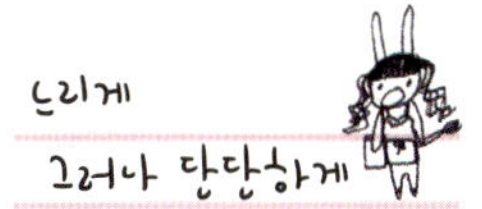

니키드생팔 작품

지금은 느리게 가는 것 같아 보여도, 나중에 가서 보면, 가장 빠른 길이었는지도 모르잖아. 괜찮아, 괜찮아. 조금 느리게 가면 어때? 그렇다고 큰일 나지 않아. 다른 사람들의 눈치 보지 말고, 내 뜻대로 내 마음이 원하는 대로 넉넉하게 살자.

행복한 동화처럼, 그 동화 속 그림처럼 예쁘고 아름답게 살지 말란 법 없잖아? 현실이, 일상이 꼭 재미없고 빡빡해야만 하는 건 아니잖아?

동화 같은 일상, 꿈 같은 현실, 그림 같은 오늘, 만화처럼 재미있는 하루하루…. 매일매일이 내내 이렇다면 지루해서 좋은 줄도 모르게 될 테니 가끔, 아주 가끔 조금만 무서운 영화 같은 순간도 잠깐.

혼자 떠났지만, 보이지는 않지만, 하나님과 함께하는 여행. 기대보다 훨씬, 정말 백만 배 더 재미있고 흥미진진한 이 여행. 그 분 손 안에서 내가 이렇게 안전하고 행복합니다.

오페라역
스타벅스에서
커피 한잔과 책

화려한 오페라 역의 스타벅스. 셰익스피어앤컴퍼니에서 산 책을 들고 카푸치노 한잔과, 감미로운 샹송, 그리고 오후의 따뜻한 햇살. 지금 이 순간을 저장할 수만 있다면, 미래의 언젠가, 또다시 고단한 순간, 바쁘고 치열한 하루가 나를 찾아올 때를 위해 아주 조금이라도 베어 두고 싶다.

폴 레스토랑

Raspberry tart :)

파리에서 즐겨 찾던 폴 레스토랑. 한국으로 치자면 '파리바게트'처럼 널리 알려져 있고, 파리 시민이 즐겨 찾는 곳이다. 안에는 레스토랑도 있어서 식사도 가능하다. 스위스에서 만난 분의 소개로 한번 와 본 뒤로 내내 애용하게 된 곳. 내가 가장 좋아하게 된 머시룸과 계란이 들어간 크레페, 그리고 차 한 잔과 라즈베리 타르트.

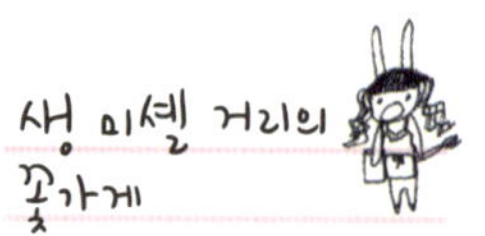

떠드는 말이 부딪혀 상처와 이별을 만들고
따뜻한 수증기로 스미면 마음의 키스가 되지
키스, 키스, 키스! 번역해서 뽀뽀는 얼마나 이쁜 말이니
삶이 아프지 않게 시원하게
말은 사려 깊은 타월이 돼야지

매순간 모든 이로부터 버려질 쓰레기까지
뽀뽀하는 마음으로
"네 일은 잘 될 거야 네 가슴은 봄 바다니까"
인사하는 바로 그것,
삶이 꽃다발처럼 환한 시작이야

— 신현림, < 키스, 키스, 키스!>

Good bye- Paris

Europe
Italia
로마 Rome
피렌체 Firenze

Lina in Venechia :)
밀라노 Milano
베네치아Venezia

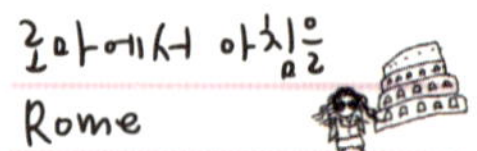

파리에서 야간열차를 타고 로마로 달렸다. 야간열차에서 벌어지는 온갖 일들을 익히 들어왔던 터라 약간 겁이 나기도 했다. 다행인지 불행인지 파리에서 야간열차티켓을 늦게 산 탓에 저렴한 티켓은 이미 다 매진되어 좀 비싼 티켓을 살 수밖에 없었다. 그래도 혼자 야간열차를 타고 로마까지 가야 하는데 안전을 생각해서도 이렇게 값을 약간 더 지불해도 이게 낫다.

프랑스에서 꽤 긴 시간을 머물렀지만 파리에만 있었기 때문에 사실 파리 밖의 시골마을 풍경이 많이 궁금했다. 다행히 이렇게 기차 차창 밖으로나마 파리 이외의 프랑스 풍경과 마을을 볼 수 있어 좋았다. 프랑스의 다른 지역들 역시 나의 기대를 저버리지 않았다, 아니 기대 이상이었다. 한 폭의 아름답고 평화로운 그림! 그러다 어둑어둑 밤이 다가왔고, 블라인드를 내리고 흔들거리는 기차침대에 누워 잠을 청했다.

밝아오는 아침과 함께 잠에서 깨어나 내다본 차창 밖, 한 번도 본 적 없이 상상만 했지만 내내 상상해왔던 모습과 꽤나 흡사한 이탈리아 풍경이 펼쳐지고 있었다. 약간 몽환적이기도 하고 마을 곳곳에는 사연이, 그것도 아주 로맨틱한 이야기가 숨어 있을 듯한, 이탈리아의 그런 풍경. 나도 참~ 어쩌면 여행 내내 이렇게도 계속 설레고 흥분될 수 있을까….

그렇게 다시 '설렘' 으로 무장하고 이탈리아 로마 테르미니 역에 도착했다. 파리에서 함께 있다 나보다 먼저 스위스로 떠나 DTS를 받고 있을 진한이가 묵었던 민박집으로 향했다.

혼자 걷고 있는데 오늘따라 졸음이 몰려왔다. 커피 한잔 마시고 쉬어가고 싶었다. 속으로 '하나님! 커피 한잔 마시고 싶어요!' 라고 말하고 있는데 갑자기 웬 할아버지 한 분이 내 옆에 나타나시더니 말을 건네셨다. 풍채가 좋으신 게 마치 '켄터키 프라이드치킨' 할아버지 같았다. 할아버지가 내게 어느 나라에서 왔냐고 물으셔서 'South Korea' 라고 했더니 할아버지에게 한국인 친구가 있어 이번 여름에 부산에 갈 거라며 반가워하신다. 참, 곳곳에서 한국친구를 둔 분들을 만나니 신기하기도 하고 반갑다. 그런데 이탈리아의 이 멋진 해변을 두고 수영하러 부산으로 가신다는 게 정말일까?

그 할아버지와 이런저런 대화를 나누며 좀 걷는데, 얼마 지나지 않아 커피바가 보였다. 할아버지께서 내게 커피 한잔 마시고 가지 않겠냐는 것이 아닌가! 마침 그 커피바가 친구 분 가게라면서. 그날은 너무 졸리기도 하고 커피도 마시고 싶었고, 안 그래도 방금 그렇게 기도까지 했던 터라 그러기로 했다.

커피바 실외에 있는 테이블에 앉자 웨이터가 할아버지에게 아는 척을 하신다. 이 웨이터도 거의 할아버지와 비슷한 연배셨다. 할아버지는 커피 두 잔을 시키셨는데, 웨이터가 내게 주신 커피에는 'OK' 라고 적혀 있었다. 'OK가 뭐지?' 어쨌든 할아버지와의 만남으로 오늘 로마에서의 하루는 마냥 즐겁게 흘러가기 시작했다.

직업이 POET, COOKER, SAXOPHONIST라고 적혀 있다. 할아버지는 직업마저도 너무 로맨틱하시다. 여가시간에는 주로 색소폰 연습을 하신다는데, 마음 같아서는 이탈리아 할아버지의 요리솜씨가 궁금했지만 사양하고, 민박집으로 향했다.

로마 콜로세움

로마에 와있다...
유럽이 우리 동네가 되어버린 건가?
Hello

로마 개선문

《냉정과 열정 사이》를 기억하며 갔던 곳, 두오모가 보고파 찾아갔던 곳. 두오모와 우피치 미술관은 물론이고 이곳의 풍경은 내게 묘한 감성을 불러일으켰다. 그냥 이곳에 있는 것 자체가 갑자기 소설 속으로 들어간 느낌. 멋진 영화, 분위기 있는 영화를 만들기 위해 굳이 세트장을 만들지 않아도, 이 도시는 도시 전체가 그 자체로 영화 속 한 장면. 그러면서도 식상하지 않은 곳. 특별히 색으로 비유하자면 Yellow, 맑고 밝은 Yellow가 아니라 석회 재질에 약간 탁한 황토가 섞인 분위기 있는 느낌의 Yellow.

다리 위에 다닥다닥 붙어있는 집들.

저 다리는 제발 무너지지 말아야 할 텐데….

《냉정과 열정 사이》의 잘생겼으면서도 뭔가 우수에 찬 눈을 가진 남자주인공 준세이와 매력적인 여자주인공 아오이는 10년 후에 다시 만나자는 약속을 한다. 불가능할 것 같은 그들의 약속, 하지만 왠지 이곳에서는 그들의 약속이 지켜질 것만 같다. 시간이 이곳에서만 느리게 가는지, 성당에는 여전히 공사중인 곳도 있다. 아주 먼 과거와 현재가 공존하는 곳. 그 시간에 비하면 10년은 아무것도 아니잖아. 아무리 긴 시간도 바꿔놓을 수 없는 약속, 그들만의 약속.

두오모 성당 앞에서

아는 사람 하나 없고,

낯설다 못해 타임머신을 타고 중세시대에

혼자 떨어진 느낌을 주는,

여기는 어디일까?

이곳에는 어떤 사람들이 살까?

해도 지고 어둑어둑해지는데

나는 어디로, 어딜 향해 가고 있는 걸까?

우피치 미술관에서 작품을 감상하고 테라스에서 주스와 피자를 먹으며 쉬었다. 날씨도 좋고, 테라스는 너무 예쁘고, 경치 또한 예술. 이렇게 예쁜 날 이렇게 근사한 곳에 좀더 예쁘게 차리고 오지 못해서 좀 아쉬웠을 뿐. 다음에는 예쁘게 하고 사랑하는 사람과 함께 와야지, 꼭!

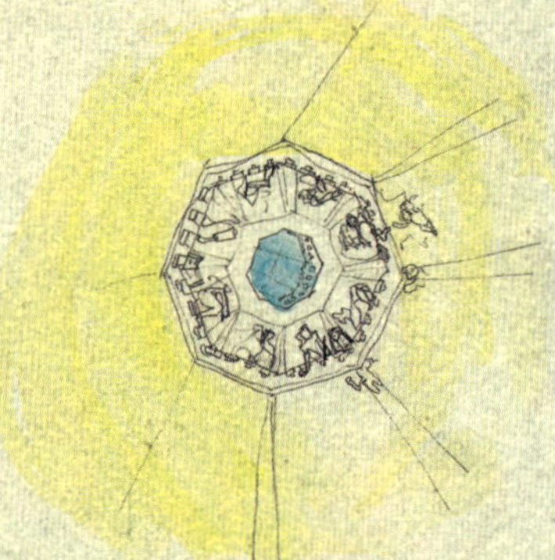

light of Florence

퍼포먼스 하는 곱디고운 아저씨

어디선가 걸어오시더니 주섬주섬 흰 옷으로 갈아입으시고

이렇게 화장을 하신다.

어디선가 나타난 아저씨, 그들의 시선…

눈빛으로 무슨 말을 주고받고 계세요?

피렌체에서 다시 베네치아로 Venezia

떠나기 전에 한국으로 부칠 짐이 있어서 우체국으로 향하는데 너무 우연히도 로마에서 야간투어를 할 때 잠깐 만났던 분을 만났다. 피렌체는 혼자 왔기 때문에 아는 사람이 없었는데 너무 반가웠다. 마침 그 분도 오늘 베네치아로 떠난다고 해서 나도 같은 시간대의 기차를 예약하기로 하고, 베네치아 역에 내려 다시 만나기로 했다. 너무 반가운 인연을 그렇게 만나 기차를 탔다.

그런데 짐을 놓을 곳이 없어서 짐만 따로 맨 뒤칸에 놓았는데 걱정이다. 저 짐이 무사해야 하는데…. 1분에 한 번꼴로 짐이 무사한지 뒤돌아보고 있다. 하나님 제 짐을 지켜주세요.

하나님 감사합니다. 그동안의 모든 일정을 지켜주셔서 감사합니다. 집에 갈 때까지의 모든 여정도 함께 해주시고, 도와주시고, 좋은 사람들 만나게 해주시고 물건 잃어버리지 않게 도와주세요.

이미 어두워진 낯선 저곳으로 향하고 있다. '좌아악~좌아악~' 물결을 가르는 소리와 어디선가 들려오는 내 영혼을 쓰다듬는 곤돌라 아저씨의 매혹적인 노랫소리. 미지의 곳으로 가고 있지만 두려움 대신, 다듬어지지 않은, 그러나 너무나 매혹적인 나무등대의 불빛만큼이나 매력적인 베네치아의 야경 앞에 내 마음은 요동치고 있었다.

베네치아 부라노 섬
Burano

내 심장을 그렇게나 울렁이게 했던 곳,
이곳에서는 어떤 사람과의 특별한 추억보다는
이 도시 자체가 내게 추억이고, 그냥 이 도시가,
이 도시의 모든 곳에서 내게 말을 걸어오는 듯했다.
도시를 감싸는 모든 평화롭고 동화 같은 풍경이….

부라노섬

101

당신,
누구를 기다리고 있나요?

부라노 섬에 대한 사전 정보 없이 여행자카페에서 잠깐 사진으로 보고는 '정말 동화같이 예쁘네' 라는 생각에 베네치아에 가면 꼭 들려보고 싶었다. 다행히 민박집 아저씨가 부라노에 꼭 다녀오라며 베네치아에서 무라노 섬을 거쳐 부라노 섬 그리고 리도 섬을 들렸다가

다시 베네치아로 돌아오는 약도를 아주 상세히 그려주셨다. 피렌체에서 만난 친구와 함께 민박집 아저씨가 짜주신 일정대로 무라노 섬을 거쳐 다시 부라노 섬으로 향했다.

특별한 목적을 위해서 세워진 공간이 아니라 그냥 일상의 삶을 살아가고 있는 마을의 모습이 이렇게 총천연색으로 예쁠 수도 있다는 게 정말 신기했다. 그저 이 순간 이 공간에 내가 있다는 것이 좋을 뿐이었다. 베네치아와 부라노 섬, 이곳에서 만들어진 것들은 인간의 손으로 만든 것이지만 자연과 조화를 이루며 서로 너무도 잘 어울리고 있다.

빨간 집 옆에 노란 집, 노란 집 옆에 하늘색 집, 그 옆에는 분홍·초록·주황…. 집의 색들이 각양각색이면서도 어쩜 이렇게 조화로울 수 있을까? 서로 어울리면서도 아름다운 색을 고르기란 쉽지 않았을 텐데, 그네들의 색은 어울리지 않을 것 같은 색이면서도 참으로 훌륭한 조화를 이루고 있었다. 심지어 자연과도…. 자연과 인공의 건물이라는 구분이 무색할 정도로 마치 하나인 듯했다.

햇빛 찬란했던
부라노를 걷다

Green Window

이곳 사람들은 일상의 삶을 이런 곳에서 사는구나. 나도 오늘 하루는 베네치아 사람처럼 걷고 싶다. 여유롭고 평화롭게 이곳의 공기를 맘껏 느끼면서….

이탈리아 다른 곳에서도 느꼈지만 모난 것은 모난 대로 낡은 것은 낡은 대로 다 자연스러운 원래의 모습을 간직했다. 이 부라노 섬 마을은 따로 이 섬의 윗분(?)들이 이 섬에 이런 식의 컬러를 입히자고 해서 이런 마을이 탄생한 건지, 아니면 마을 사람들끼리 회의를 해서 우리 집은 노란색을 칠할 테니 당신네는 빨간색을 칠하는 게 좋겠다, 그리고 그 옆은 초록색이 어울리겠다, 이런 식으로 탄생한 건지, 그것도 아니면 그냥 알아서 각자 취향대로 만든 것인데 이런 모습이 탄생한 건지 정말 궁금했다. 갔을 때 물어봤어야 했는데.

만약 마을 주민의 뜻으로 만들어진 거라면 이들은 정말 타고난 예술가다. 괜히 'made in Italia' 가 아니라는 생각이 들었다. 태어날 때부터 이런 환경에서 자라는 이들의 감수성은 특별할 수밖에 없겠다는 생각에 뭉게뭉게 피어나는 부러움은 어찌할 수 없었지만, 짧은 시간이나마 이곳의 공기를 숨 쉬고 있다는 것, 그것만으로도 너무 행복한 날이었다.

내 마음의 찌든 때들이 다 날아가고
이렇게 하얘지는 거 같아~
하루하루 여행하면서 가장 신기했던 건,
마치 내 마음의 더러운 것들이 하나씩 빠져나가고
그만큼 마음이 깨끗이 씻기는 느낌이었다는 거야.
신기하지?
마음은 보이지 않아서 눈으로 확인할 수는 없지만,
확실히 느낄 수 있었어.

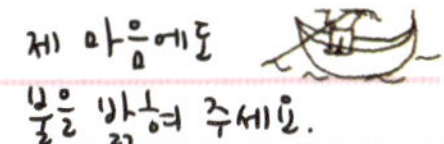

이 여행이 내게 준 게 뭔지 알아?

내가 나를, 내 인생을 진심으로 사랑하게 되었다는 거야.

내게 일어났던 모든 좋은 일과 힘들었던 일 그 모든 걸

내가 받아들이고 있다는 거야.

그리고 내가 지금 이렇게 말할 수 있다는 것, 인생은 아름다워!

알아? 인생은, 그 자체로 아름답다는 거….

어떤 삶을 살든, 부유하거나 가난하거나,

좋은 일을 겪었거나 나쁜 일을 겪었거나 인생이란,

그 살아있는 생명이 살아있는 동안 만들어가는 시간이라는

것만으로도 가치 있는 거야.

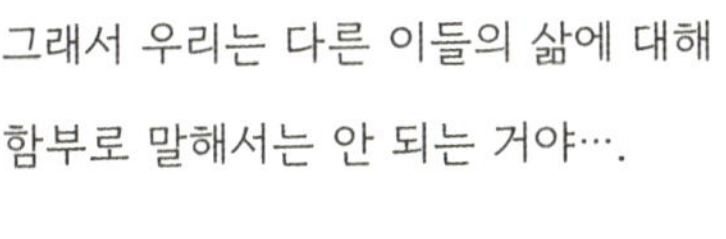

그래서 우리는 다른 이들의 삶에 대해

함부로 말해서는 안 되는 거야….

밀라노Milano,
느림

유럽 예술가들이 부럽다. 이곳에서 종종 마주치는 위대한 예술품을 보면, 아무리 대단한 능력을 소유한 천재라고 해도 결코 짧은 시간에 완성해낼 수 없는 것들이다. 오랜 시간을 두고 완성해나가는 여유와 그럴 수 있는 조건이 없었다면 불가능했을 작품이다. 예술가의 의지는 물론 그러한 시간을 인정하고 기다려줄 줄 아는 의뢰인의 안목이나 사회 분위기가 없었다면 절대로 불가능했을 일이다. 예술을 사랑하고, 그 위대한 작품이 완성 될 때까지 기다려주고 지원해줬던 모든 이들에게 박수를….

Sweet menu in Brussels

ZONE
Aux Area
MENU DU J
C.V. 1,5€

투명한 유리잔에 진짜 민트 잎을 가득 넣은 민트티, 내가 브뤼셀에서 정말 좋아하던 차.

아, 그리고 송송 잘게 썬 실파와 함께 레몬향 가득하게 뿌려 먹었던, 입안에서 씹지 않아도 그대로 녹는 듯했던 연어요리.

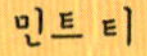

아무도 내 연주소리를 듣는 이 없어도,

나는 언제나 그들을 위한 나만의 연주를 준비하지.

여러분 힘들고 답답한 일상이더라도 잠시 제 음악 들으면서 쉬어가세요,

마음의 평화와 여유를 찾으세요. 다 지나가고 나면

더 좋은 모습으로 잘 되어 있을 거랍니다.

그러니 너무 걱정 마세요.

나는 내 연주를 통해 이렇게 말하고 있는 거야.

당신,

내 마음 어디쯤에 걸려 있나요?

그리고 난,

당신 마음 어디쯤에 자리잡고 있나요?

나는 내 인생 영화의 주인공.

우리 모두에게는 각자의 독특한 삶이 있는 거야.

그러니 당연히 모두가 똑같은 인생을 살 필요는 없어.

서로 존중하고 서로의 다름을 인정하면서,

나는 내 모습대로 행복하게 나만의

멋진 시나리오를 쓰는 거야.

CINEMA
NOVA

Europe
England
London
UNDERGROUND
Westminster Station
Public Subway
Toilets
he PHANTOM of the OPERA

London Sketch :)
THE BLOOMSBURY
ENGLISH
FOOD

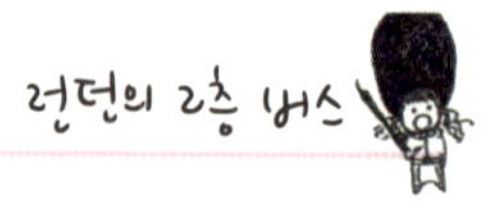

비오는 날 차이나타운 환전소 앞, 착하게 생긴 백인 아저씨. 유로를 영국 돈 파운드로 바꿔준단다. 그렇게 바꾼 돈은 흰 종이뭉치.

바보같이 속았고, 아저씨는 이미 도망가버린 후.

바람 불고 춥고 비까지 왔던, 딱 내 마음 같던 날.

당신을 사랑합니다!
당신을 사랑해요!
소리 없이 떨어지는 작은 잎사귀 마냥
작고 연약한 모습일지라도,
언제까지 당신 옆에서
든든한 사랑의 지원자가 되어드릴게요!

런던의 화창하고
맑은 어느 날,
파란색이 참 예뻤던
어느 레스토랑.

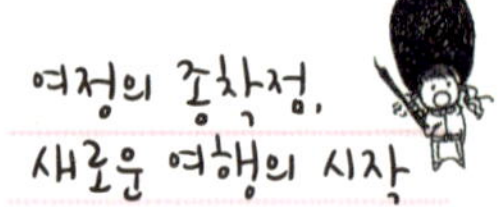

한국으로 돌아가기 전 내 마지막 여행지. 결국 한국 떠날 때 가보기로 했던 곳은 다 갔구나…. 이번에 못 가본 곳은 두번째 세계여행 때 평생 함께할 사람과 같이 가보고 싶다. 내가 혼자 가기에는 아직 좀 어려운 곳들이니까. 세계의 오지나 오지는 아니더라도 조금은 불편할 수 있는 인도·네팔·몽골·남미·아프리카 같은 곳?

유럽에서만 이동 가능한 저가항공으로 미리미리 예약하면 아주 저렴한 가격에 유럽을 돌아볼 수 있다. 하지만 포인트는 미리미리, 하루라도 빨리 예약해야 한다는 것.

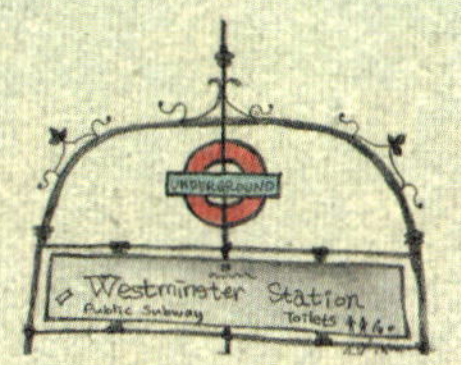

Underground in London

Epilogue

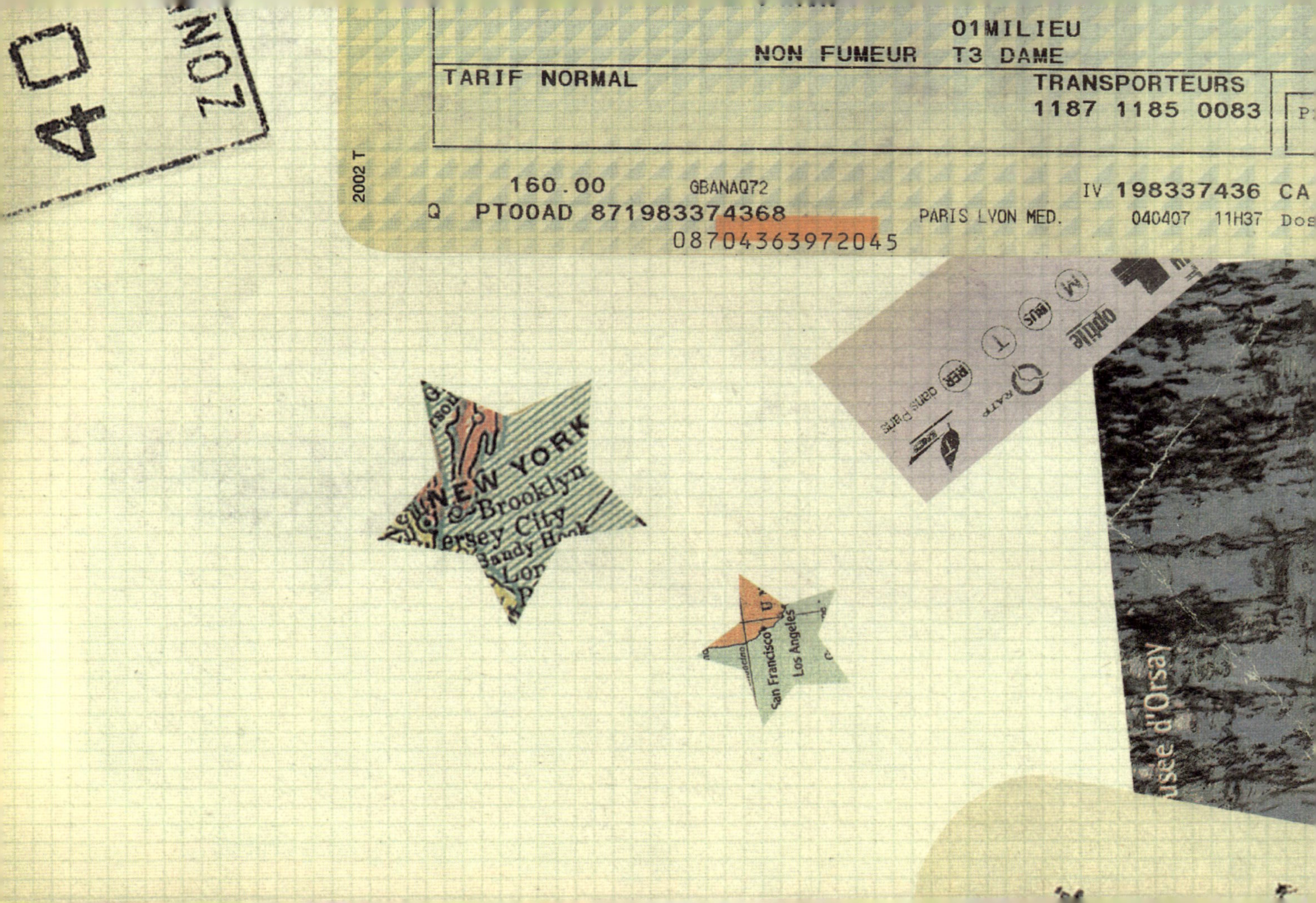

40
01MILIEU
NON FUMEUR T3 DAME
TARIF NORMAL
TRANSPORTEURS
1187 1185 0083
2002 T
160.00
GBANAQ72
Q PTOOAD 871983374368
08704363972045
PARIS LYON MED.
IV 198337436 CA
040407 11H37
NEW YORK
Brooklyn
Jersey City
San Francisco
Los Angeles
RATP
RER
optile

에스프레소처럼 진한 행복을 느꼈던 시간이었습니다.

만났던 모든 인연 새롭고 이색적인 풍경….

감사했고,

사랑했고,

행복했습니다.

내가 만약 이 모든 것이 두려워서 '나에게 주어지는 미지수와 어떤 일이 벌어질지 모른다' 는 생각에 묻혀 이 여행을 포기하고 그전의 일상이 내게 주어진 삶의 전부라고 받아들이고 그대로 살았다면 이 여행도, 여행에서 만난 사람도, 보고 느낀 것들도, 또 이렇게 이 여행을 책으로 작업하는 시간도 없겠지? 아무리 생각해도 감사하고 감사하고 신기하고 신기하다.

예전에는 내 인생도 다른 사람들과 비교해 그다지 늦춰지지 않았다고 생각했다. 대학도 바로 들어가고 졸업하자마자 취직도 잘하고, 큰 회사는 아니었지만 그래도 나를 인정해주는 회사에서 어린나이에 '과장' 이라는 직책도 달아보고…. 겉으로 봤을 때는 큰 무리 없이, 물론 주관적이지만, 안정된 생활을 하고 있다고 생각했다. 물론 매일매일 회사생활로 지치고 힘들고 과중한 업무로 스트레스도 많이 받았지만 그래도 주어진 상황에서 최선을 다해 살아가고 있다고 생각했다. 남들은 정말 힘들 때 어딘가로 떠난다지만, 나는 회사가 너무 힘들어서, 가족이나 한국이라는 땅이 좁고 싫어서 떠났던 건 아니었다.

아주 예전부터 멋지게 살아서 죽기 전에 꼭 내 자서전을 쓰고 싶다고 생각했는데 '여행서' 형태지만 이렇게 내 책을 쓰게 될 줄은 정말 상상도 못한 일이다.

그렇게 나의 책을 쓸 꿈을 꾸다보니 힘들다고 관두거나 도망치는 식으로 산다면 나중에 내 책을 쓸 때 뭐라 할 말이 없을 것 같았다. 그래서 힘들 때는 힘들어도 꾹 참고 힘든 것 다 이겨내서 내 자리도 안정되고 회사도 안정궤도에 들어가고 나도 회사에서 배울 수 있는 것 다 배웠다고 할 수 있을 때, 회사에도 내가 할 수 있는 최선을 다했을 때, 그런 때가 새로운 곳으로 옮길 때라고 생각했다.

회사는 어려웠지만, 날 믿고 인정해주는 사장님과 동료들이 있었고, 집에 오면 날 따뜻이 반겨주고 언제나 나의 이야기를 들어주고, 믿어주는 가족이 있어서 행복했다. 이곳을, 이 사람들을 다 두고 새로운 곳으로 떠난다는 건 솔직히 너무나 큰 두려움이었다. 수입원도 끊기고, 내 고민을 들어주고 힘을 주었던 가족도 없는 곳으로 혼자서 떠난다는 것.

떠나기 전날에는 내가 미친게 아닌가라고 생각하기도 했다.

하지만 지금까지의 내 삶을 돌아보면, 대학 1학년 때 처음 하나님을 만나고 너무 좋고 행복했지만, 하나님은 내 삶에 좋고 힘든 다양한 상황을 만나게 하셨다. 특히 많이 힘들어하고 갈등하던 당시에는 그 시간이 너무 길게만 느껴졌지만, 인생 전체를 놓고 보면 그 시간들은 나를 축복의 자리로 옮겨갈 수 있게 해주는 밑거름 같은 시간이었다. 어려웠던 시간들은 결국 나를 망가트린 게 아니라 나의 이해의 폭을 넓혀주고 오히려 더 큰 꿈을 꿀 수있게 해주었으니 말이다.

내가 나 스스로를 남과 비교해서 더 높은지 낮은지가 아니라 그냥 나를 나 그 자체로 보게 되었다. 내 상황은 이럴 수도 있고 저럴 수도 있지만, 그냥 나는 나로서 존재하는 것! 내가 높아져서 누구 위에 있고 내가 낮아져서 누구 아래 있는 게 아니라는 것이다.

설령, 내가 남들이 볼 때 '높은 자리'에 있다 하더라고 그건 내가 높아지는 자리가 아니라, 그래서 또 다른 사람들 상처 줄 수 있는 자리가 아니라 그것으로 다른 사람들을 도와주고 꿈과 희망을 심어줄 수 있는 그런 자리여야 한다고 생각한다.

여행을 통해 겉으로 보이는 것만이 아닌 그 속을, 내면을 볼 수 있는 힘이 생긴 것 같다. 물론 아직도 많이 부족하다는 것을 알지만 앞으로 계속 커갈 나를 기대하고, 어렵고 힘드셨을 텐데도 날 믿고 긴 여행을 허락해주신 부모님께 진심으로 깊은 감사를 드린다. 철없어 보이는 딸 때문에 속도 많이 상하셨겠지만 내가 그냥 철이 없어서, 세상을 몰라서, 현실을 몰라서가 아니라, 다 알지만, 다 알아서 다 타협하고 주어진 대로 그냥 '이런 게 인생이지, 인생 뭐 있어?' 이렇게 살지 않고 내게 주어진 인생, 나 스스로에게 부끄럽지 않게 내게 주어진 삶을 멋지고 당당하게 살고 싶다.

사실 앞날도 보이지 않고 이렇게 분주히 뭔가를 하긴 하는데 어떻게 될지 한치 앞의 결과도 알 수 없고, 내가 부질없는 짓을 하는 게 아닌가 하는 생각이 들 때, 그래도 너 믿는다고, 넌 잘해낼 거라고, 잘될 거라고, 단순히 입바른 소리가 아니라 진심으로 그런 말을 해줄 때 정말 큰 힘이 되었다.

예상 외로 사람들이 선물한 책이나 평소에 잘 보지 않던 기독교 방송에서 우연히 본 '포기하지 말라는 말'이 정말 큰 힘이 되었다. 살면서 힘든 순간 한 번 겪지 않고 사는 이가 있겠는가. 문제는 그런 때 어떤 마음으로 대처하는가가 중요하다고 생각한다. 나는 감사하게도(종교가 없는 분들에겐 이상하게 들릴지 몰라도 내 경험이니까) 내가 믿는 하나님이 계셨고 기도할 수 있다는 것이 힘이 되었다.

물론 하나님을 믿고 교회를 다닌다고 해서 내내 좋은 일만 있고, 힘든 일이 없다는 건 아니다. 아니 오히려 포기해야 될 것도 있고, 억울한 상황도 있다. 그러나 그럴 때 하나님을 믿고 신뢰할 때, 결국에는 어떤 모습으로든 다 갚아주셨다. 정말 좋고 행복했던 만큼 정말 힘들고 절망스러운 시간도 있었지만 생각지도 못한 이 여행을 통해 다 갚아주시고 돌아보게 하시고, 꿈과 희망을 주셨다. 내가 본 많은 것들, 내가 만난 소중하고 귀한 인연은 힘들었던 시간을 다 잊어버리기에 충분했고, 현재와 앞을 보고 달려갈 수 있는 충분한 힘을 주었다.

이 여행을 한마디로 어떻게 표현할 수 있을까? 간혹 여행이 어땠냐고 묻는 사람들이 있는데, 정말 어떻게 말해야 할지 모르겠다. 내가 느낀 이 많은 것을 어떻게 한마디로 표현해야 할지. 그냥 좋았다고 하기

엔 너무나 감사하고 놀라운 시간이었고, 그냥 재미있었다고 말하기엔 너무 다양하고 많은 것을 경험했다. 한마디로 표현할 수 없는 그 많은 이야기를 이 책을 통해 말할 수 있게 되어 정말 감사드린다.

내가 느낀 것들을 이 책을 읽는 분들도 함께 느낄 수 있다면, 혹 당장 여행을 떠날 수 없는 상황이라도 꿈을 꾸며 현실의 짐을 잠시 내려놓고 쉴 수 있다면, 내가 기뻐하고 좋아하고 행복했던 만큼 이 책을 읽는 분들도 그렇게 함께 기뻐하고 좋아하고 행복할 수 있다면….

20대에는 꿈은 꿈이었고 현실은 현실이었는데, 30대가 되니 꿈이 현실과 가까워진 듯하다. 그리고 20대 때 꾸었던 꿈이 현실이 되어 있기도 하고, 아직 현실에서 실현되지 않고 꿈으로 남아 있는 것도 있지만 이 또한 언젠가 현실이 될 수 있을 거라는 기분 좋은 상상을 한다.

Dream in life

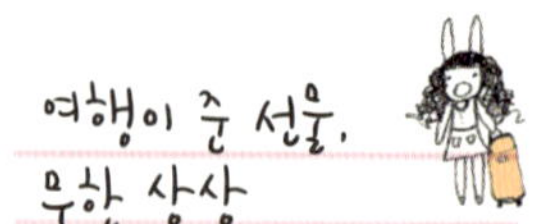

여행 후 가장 크게 달라진 점이나 새롭게 얻은 것 가운데 하나를 꼽는다면 무엇을 꼽을 것인지 묻는 이들이 있는데, 언제든 바로 답할 수 있다. 무한 상상! 생각의 한계를 헐었다. 정말 재미있다. 내 삶에 또 어떤 일이 벌어질까, 기대된다. 꿈을 현실로 만나는 놀라운 축복.

마음대로 생각하고 멋대로 상상할 수 있는 놀라운 능력을 제대로 사용도 하지 못하고 현실이라는 틀 안에 가두어두거나, 혹은 끝없는 염려와 근심, 걱정과 낙담으로 생각을 꽉 채워버린다. 현실은 당장 바꿀 수 없지만 내 생각은 지금 당장이라도 내 마음대로 바꿀 수 있다. 그것은 삶 그 자체를 변화시킬 수 있는 놀라운 축복이다. 물론 현실과 상관없는 혹은 상반된 생각을 한다는 것이 쉬운 일은 아니다. 그러나 그렇기 때문에 인간이 받은 큰 축복인 것이다.

아무것도 모르는 10대 때 막연히 꿈꾸는 것, 20대 때 아직은 세상과 덜 부딪혀봤기에 혈기왕성한 마음으로 꿈꾸는 것, 그러다 30대에

접어들면서 대개는 현실적이 되면서 나만의 큰 꿈은 여전히 마음속에 있지만 그것이 현실이 될 수는 없다는 생각에 그저 '내 마음속의 꿈'으로 만족하고 주어진 현실을 그냥 받아들이며 살게 된다. 더 심한 경우에는 모든 꿈을 접고 하루하루 현실을 따라가기에도 급급해하며 살거나 그러다 더 지쳐 시들시들해진 삶이 되어버리기도 한다.

오늘 하루의 삶을 포기하라는 것도, 감사하지 말라는 것도, 받아들이지 말라는 것도 아니다. 누구보다도 더 적극적으로 주어진 삶을 받아들이고 하루하루를 살아가되 생각만큼은 자유롭게 놔두라는 말을 하고 싶을 뿐이다. 생각마저 일상에 가두어두지 말라고, 내 생각, 사고, 상상만큼은 훨훨 날아다니게 하라고 말하고 싶다. 그러면 언젠가 그 생각이 내 삶이 되어 돌아올 것이다.

한국이라는 땅은 사람들이 '여유'를 갖기 참 어렵다. 한국 사회에서는 거의 모든 것이 '그 시기'를 놓치면 다시 하기 어려운 구조다. 그래서 사회적으로 통용되는 '해야 하는 것'을 내가 원하든 원하지 않던 그때 하지 못하면 사회에서 후퇴하고 있다는 느낌을 받게 만들기 때문에 원하지 않아도 일단은 그 틀 안에 있으려고 한다. 그러나 실상 그 틀을 급급히 좇아가다 보면 일상은 언제나 빡빡하기만 하고, 그 빡빡한 일상이 아닌 다른 '여유'를 찾아 떠나고 싶어지게 된다. 대개 일상은 내 의지와 상관없이 벅차고 여유 없고, 나 자신과 내 삶이 내 시간의 주인이어야 하지만 어딘가에 매여 있게 된다. 그래서 나를 돌아보는 시간이 꼭 필요하다. 누가 정리해주는 인생이 아니라 내 스스로 정리해서 만드는 나의 인생을 위해서 말이다.

뉴욕 어학연수원에서 우리 반 담당이셨던 선생님은 취업과 나이가 상관없기 때문에 일하다가 쉬고, 공부다가 다시 취업하는 그런 패턴에 별 부담이 없으신 듯했다. 한국 대학생들이 그 선생님께 한 말이 떠오른다.

"한국은 일정 나이가 지나면 취직할 수가 없다(그들 대부분이 대학생이었기 때문에 아마 경력직이 아닌 신입사원으로의 입사에 대해 이야기했던 것 같다). 그래서 졸업하면 일단 바로 취업을 해야 한다."

그랬더니 선생님은 매우 의아하다는 눈빛으로 정말이냐고 되물었다. 우리나라는 그렇게 '입시지옥'에 쫓겨 대학생이 되어도 바로 또 취업이라는 관문이 있기 때문에 여행보다는 어학연수를 비롯해 취직 준비에 목숨을 걸고, 그 다음에는 또 결혼을 하고 아이를 낳고 키우고, 그러면서 집 장만을 위해 돈을 모으고 대출을 받고, 대출받은 돈을 갚기 위해 아등바등 살고…. 특별한 혜택을 받은 소수를 제외한 대다수 사람들의 삶이 이렇지 않을까?

어쨌든 그들은 우리보다 '나이'에 구애받지 않기 때문에 좀더 여유가 있어 보이고 만족해하는 것 같다.

이 여행은 만남과 헤어짐의 반복이었다.

짧고도 아쉬웠던 많은 만남…. 여행을 하면서 많은 것을 느끼고 반가운 인연 또한 많이 만났지만, 서로 자기의 계획이 있으니 그 일정이 끝나면 각자 자기의 길로 떠나야 했다. 영원할 것 같은 만남이, 그렇게 좋아서 매일매일 붙어 지내던 단짝 같은 사람과도 내일이면 헤어져야 하는 것이었다. 실제로 어학연수 온 몇몇 친구는 이 과정을 굉장히 두려워했다. 친해질 만하면 떠나고, 우르르 한꺼번에 떠나버리는 데서 오는 허탈감이 굉장히 컸다. 뉴욕에서는 내가 먼저 떠나는(?) 입장이어서 그런 허탈감이 좀 덜했던 것 같기도 했지만….

여행 후 사람들과의 만남이 더욱 소중해졌다. 영원할 것 같은 만남도, 평생 함께할 것 같은 만남도 언젠가는 헤어져야 할 때가 있다. 사실 '평생' 이라는 것도 '영원' 은 아니니까. 그래서 내 옆에 있는 사랑하는 사람과 하루하루 좋은 말 더 많이 하고, 좋은 시간 더 많이 보내는 것이 중요하다는 것을 알았다. 그리고 그 하루가, 그 일상이 너무 고맙고 소중해졌다. '일상' 은 재미없는 그냥 그런 하루의 연속이 아니라 정말 감사하고 행복하고 가슴 떨리는 소중한 하루인 것이다. 오늘 하루는 지나가면 다시 오지 않는다. 길지도 않다. 행복해하고, 좋아해주고, 들어주고, 사랑하고, 내가 좋아하는 일들만 하기에도 주어진 하루는 너무나 짧다. 그래서 그렇게 하루하루 살다가 마지막 순간 내 인생에 감동할 수 있는 그런 삶… 살고 싶다.

이 여행 내내 노심초사하시면서도 딸을 믿고 기다려주신 부모님.

떨어져 있어야 하지만 더 좋은 딸이 되어서 돌아와야지, 하는 바람이 항상 내 마음에 있고, 나 때문에 걱정 많이 하셨던 아버지 속상하지 않고 기쁘게 해드려야지! 하나님께서 내 인생에 좋고 풍성한 것을 많이 예비해놓으셨음을 보이지 않지만 믿는다. 이 여행이 이렇게 행복한 시간이 될 수 있게 만들어줬던, 여행에서 만났던, 그 좋고 멋진 사람들. 만약 여행 내내 함께해야 하는 사람들이 싫었다면 내 여행 또한 얼마나 지루하고 재미없었을까? 그렇게 좋은 곳에서 그렇게 좋은 시간을 함께 보냈던 그 멋진 수많은 이들에게 깊은 감사를 드린다.

이 책을 읽어주시는 모든 분들, 진심으로 감사드린다. 사실 이 책은 현재의 삶에 만족해 더 이상 다른 무엇도 필요 없는 행복한 분들보다 잠시 쉬어가고 싶은 분들과 함께하고 싶다. 이 책이 그 분들께 현실과 상관없는 얼토당토않은 얘기가 아니라 조금이라도 꿈꿀 수 있는 여유를 갖게 하기를 간절히 바란다.

Bye -

그렇게 좋니?

그렇게 좋아?

다듬어지지 않은 채로, 그냥 그런 채로.

이제 끝인가? 이 인연들과도 이렇게 끝나는 건가?

너무 행복했는데….

다시 볼 수 있겠지?

시간을 멈추고 싶었던 순간들

방황하는 것 같은 시간들마저

소중하고 행복했던 시간들.

순간의 아름다움

고농축, 고밀도 기쁨의 순간.

행복한 입맞춤,

눈물 속에 감춰올 무게.

얼마나 더 그리워해야 할까?

나 알아,

네 맘 알아.

비록 연락할 수 없어도

그냥 네 맘 알아.

그냥 믿어줄래.

그게 좀더 성숙한 사랑이라면.

그냥 걷고만 있어도 행복하네.

나답게 살아가는 거,

그게 이런 거 아니겠어?

내 안에 살아계신, 나와 함께하시는

그 분과 함께….

다시 올게,

다시 만나자.

그때까지 안녕….